U0100200

大展好書 好書大展

大展好書 好書大展

命理與預言 11

女性星魂術

岩滿羅門／著
陳蒼杰／譯

大展出版社有限公司　印行

序言

從全國各地來到我這裡訪問或接受「女性星魂術鑑定」的人們，都期待能由此處欣賞那座終年頂上堆積著皚皚白雪的莊嚴富士山，在不同的季節裡所呈現的各種風貌。在我大廳的玄關前，有棵據說已有八百至千年樹齡的櫸樹，屹立不搖地歡迎著每位來訪者。

在長度約有12公尺的走廊上，擺放著中國的「幸慶」壺和印度的木雕壺，因而顯得特別地靜寂。

我也經常將四季的花和樹枝插在白磁花器中，以殷勤款待來訪者。

由青磁香爐裡嫋嫋上昇的一股印度檀香，必然能夠將來探索神秘命運（moira）的妳，帶往奧秘且未知的世界。

為了使這本《女性星魂術》付梓，我耗費了好幾年的光陰。原因乃在於不希望星魂術只被視為普通的占命術。

既然每個人都有屬於自己的「本命」，因此我覺得人人都應該知道自己的命運。當然，有些人認為天命不可知，但也有人認為最好能夠知道自己的命運。

倘若將人生比喻為登山，則知道所在的山（人生）的地圖（命運）者，將會比較有安全感，且能順利地朝山頂（人生目標）邁進，沿途也能採取各種因應的措施。假定地圖（命運）所顯示的山路太險要，我將會告訴妳有哪些較好走的道路，且能替妳規劃出最合適途徑。即使在登山的途中生病了，我也能替妳解除疾病。

假使在登山的途中妳是孤單的，我也會替妳安排許多貴人來幫助妳。至於是哪個對象則必須由妳自由來抉擇。

不管妳是否知道妳的命運，但它肯定會一直陪伴著妳的。你的「靈魂」知道這個事實。

「命運和靈魂是表示同種原理的不同名稱」——諾瓦里斯（Novalis）。

依《女性星魂術》可知道自己是出生在什麼樣的「星魂」，在該星魂中表現出妳的概略特徵。

同時，依《女性星魂術》，可了解妳原本就擁有的「女性魂」。

另外，亦可探知你將會遭遇到的十二種運勢的起伏狀況。有時只不過是溫婉漣漪，有時可能風平浪靜，有時會突然掀起狂風怒濤，將裝滿了妳的寶藏的船，捲入黑暗的深海中。

可是妳不用太過擔心，如果妳有了壞的命運，我會替妳「改變命運」的。

「你能看到的，他人才能看到」——C·G容格

「厄運總歸咎於命運，好運則歸功於自己」——羅門

有人說，「命運」是無法改變的。但是不瞭解自己命運的女性，肯定是無法做任何改變的。我會依《女性星魂術》調查妳的命運，當妳能瞭解自己的命運時，我便能提供妳其他較平順的「命運」。

假定妳的命運中有厄運、疾病、婚姻困惑、家庭不和睦等問題，勿須害怕或煩惱。我有改變命運的「能力」，能夠解決妳一切的問題。

「如果人知道自己本身（命運）在做甚麼，將會被祝福。如果不知道自己的命運，就會被詛咒或受到法律的制裁。」——路加福音

一九九四年六月吉日

岩滿　羅門

目錄

第三章　瞭解自身運勢之周期——以六年為一周期的十二種運勢期

第六章　救助病態星魂的「超靈力」秘法——鑑定的實例

女性星魂術的調查方法（本書的使用方法）

①首先依妳的生年，查出『命運的星魂』。星魂有「八個」，請確認妳的「星魂」是哪一個。—→第一章20～36頁。

②依妳的出生月日（誕生日）查出『女性魂』。「女性魂共有十二個」，請確認妳是屬於哪一個「女性魂」。—→第二章48～70頁。

③依「女性魂」查『六年為一週期的十二種運勢期』。從「因生運勢期」至「衰勢運勢期」的十二種週期之中，確認妳目前是處於哪一個「運勢期」—→第三章165～177頁。

④探索妳的「女性魂」，目前是否處於『運衰厄生期』。且確認妳的年齡是屬於前弱期、最強期、後弱期的那個階段。—→第四章189頁。

⑤以同樣的方法查出妳的「女性魂」目前是否處於『平穩安泰期』。且確認妳的年齡是處於平穩期、前良期、最良期、後良期的哪個階段。—→第四章190頁。

⑥探索妳的「女性魂」與對方的「男性魂」是否有『結婚緣和投緣性』。假定結果不樂觀，只要「改變一下星魂」就好，請勿太掛心。—→第五章196頁。

『女性星魂術鑑定』預約聯絡處

必ずご予約をしてください。

●羅門事務所（本部）・八尊光倫会

静岡県駿東郡小山町桑木800

電話　0550（76）0800

（JR御殿場駅　タクシー10分／東名御殿場インターから車で6分）

●羅門東京事務所・八尊光倫会

東京都品川区上大崎3—3—1

電話　03（3473）5321

（JR目黒駅東口徒歩1分）

※羅門先生の超霊力を授けられる日（大法祭）は毎月第2日曜日と第四日曜日の午後1時からです。（御殿場本部にて）

第一章

命運之星魂

——以妳的生年來了解妳的命運

●女性的星魂術

「妳好，請多多指教！」

被帶到我鑑定的房間內，坐在我面前的這位穿著很樸素的女性，可能是因爲太緊張的緣故，表情十分嚴肅。

「我是羅門，請放鬆妳的心情，妳想要依『女性星魂術鑑定』來了解什麼呢？」

「有關我命運……特別是結婚和疾病的問題。聽說您的『女性星魂術』是以探索女性的『命運』爲目的。但是，師父，爲什麼只能調查女性的命運呢？」

從她認真的表情來看，彷彿將一切的希望都寄託於女性星魂術。年齡約在三十五、六歲，由她的眼神可知她有很大的煩惱。且觀其猶豫不決的神色，會讓人有股想要把她的問題全都解決的念頭。

本書將讀者對象限定爲「女性」，自然有充足的理由。當然有關男性的「星魂術」今後也會問世。

但這次只限定「女性」的理由是以我的歷史、經驗、哲學、神秘學等所得的結論。

當「女性」擁有家庭時，比男性更能成爲家庭的「核心」，這種說法並非忽略或輕視男性。因爲男性多主外，工作往往成爲他們的生命，他是家庭最大的支柱，但若提及神秘性則以女性佔優位。

「師父，您是說女性比男性要來得神秘囉？」

「嗯！連生孩子也是一件極神秘的事。同時所散發出來的强烈的母愛，往往是男性所做不到的。」

她頷首稱是，似乎已能體會爲何「星魂術」只限於女性閱讀了。可是，即使男女平等、人權平等，但「命運」絕對是不平等的，這便是最「神秘」的「謎」。

「此時，我將告訴妳有關妳的命運，因爲我覺得女性能夠過著幸福的日子最重要。所以要讓妳知道自己的命運，當厄運來臨時，我會替妳『改變星魂』，而轉變爲好運。」

命運本身是帶有神秘色彩的，既深奧又無限。通常意味著人所擁有而無法逃避的「被註定」的一切，亦即是宿命。

●命運（moira）之星魂

「師父，命運這句話是從何時開始被引用的？」

這位女性並沒有喝端出來的茶，而一直期待著我的回答。

「有關命運的起源乃源於賦有『預言』、『咒語』、『信仰』、『魔力』的人的智慧和力量，所無法改變和對應的事，使其發揚光大者爲古希臘人。當然，其他地區也有命運論等傳說，但有明確的記載者則爲古希臘時期。」

她頷首且很認真地側耳傾聽。

本章的主題是「命運之星魂」，是意味著人出生那年的「星運」。moira 是希臘文中命運的意思，在古時被認爲是「被分配給某人的」，即爲絕對且不可避免的宿命性質。

我們絕對没有辦法依自己的選擇和希望決定所要出生的年份，且也無法事先選擇自己的雙親。

這種出生於不可能由自己來選擇的世界裡的事實，可說就是一種宿命。因此，才有必要充份了解屬於自己「命運之星魂」。

然而，《女性星魂術》中的「星運」並非意味著那些在地球以外的宇宙的行星。因爲妳並非出生於「水星」或是「火星」，而是出生在被稱爲地球的「行星」上。

一旦爲人，自然有「靈魂」。這二者無法排除的現象則以「星魂」的型態來表現，因而便產生了「命運之星魂」的說法。

「師父，根據您的觀點，我將無法選擇任何出生的條件囉！」

顯然她已鬆弛了剛進我屋內的緊張感，現在臉色看起來開朗多了。我以贊同的表情表示確實無法選擇任何出生時的條件。

「即使連名字，妳也無法選擇。」

「說的也是。如果能夠選擇父親，我絕不會選擇對我如此嚴厲的父親呀！」

「妳不可以這樣說喔！妳的父親會聽見的。」

她露出微笑，頷首呈現害羞狀。

●為什麼會有八個『星魂』

「師父，我想再問一個問題。爲何會有八個『星魂』？又爲什麼會分成八個呢？」

她這個問題實在問得太好了。其實，要詳細說明十分不易，但這又是極重要的部份及重點，必須稍作解釋。

其實，在各種領域裡與我們有密切關係者，不論是心理方面的問題，或是宗教上、心理學方面的領域，泰半都將事物分成「八個」部份。在此，即將由古至今被分成「八個」部份的現象列舉如下。

(1)【八王日】立春、春分、立夏、夏至、立秋、秋分、立冬、冬至。

(2)【八圖】教、理、智、斷、行、位、因、果。

(3)【八風】利、衰、毀、譽、稱、譏、苦、樂。

其他尚有許多八分的例子、不勝枚舉。

雖然現在的干支是以十二爲計算單位，但本來在日本干支是八分的。它是由佛教的發源地印度的「灌頂之儀式」所發展而成。此儀式是在國王即位或是立太子之時所進行的在頭頂上灌聖水的儀式。即在人們的頭上撒下花瓣，依花瓣所掉落的地方決定人們出生至死亡的守護佛，此被分成子歲、丑寅歲、卯歲、辰巳歲、午歲、未申歲、酉歲、戌亥歲等八種，各分發菩薩、如來爲守護佛。

「星魂」是以此爲起因，由〔星因〕天、地、寶、龍、火、水、風、虎爲主體。在各種領域裡都有八分的情形實是不可思議的現象，但若要以理論來解說相當複雜，所以我們暫且就談到這裡。

依妳的出生年，「命運的星魂」可分成八種。

【天綠星魂】「天」是意味著印度人的神，「綠」是地球上最自然的表現顏色，此是「天」和自然的「綠」加以結合的表現。

【地西星魂】「西」之「地」即是極樂淨土，位於「西」之「地」意味著擁有人類想要安居的土地。

【寶冠星魂】「寶」意味著人類幸福狀態和幸福的東西，把這些都頂在頭頂上則稱爲「冠」。

【龍東星魂】「龍」具有神的力量，「東」意味著太陽昇起的方向，廣義而言即是衆神由太陽裡化成龍的形式出現。

【朱火星魂】將如火熱情感般的「朱火」表現於人的內心，即是湧現的熱情。「朱火」和水是不相容的。

【水流星魂】「水」通常是往下不往上流的，即表示謙虛不驕傲的姿態。

【風南星魂】山嵐的「風」通常是由「南」方吹來。北方的寒風，南方的暖嵐向來用以比喻命運。

【虎北星魂】「虎」具有堂皇的風格，在北方冰冷的嚴冬中屹立不搖，有「威嚴」的象徵。

通常，女性擁有以上這八種星魂。

請注意，這種「命運之星魂」只設定於女性，男性並不適宜。

接下來由下頁的表格查出你出生年份的「命運之星魂」，藉由命運的「星魂」來了解妳命運的特徵。

命運之星魂

虎北星魂	風南星魂	水流星魂	朱火星魂	龍東星魂	寶冠星魂	地西星魂	天綠星魂
民國82年(1993年)出生	民國83年(1994年)出生	民國84年(1995年)出生	民國85年(1996年)出生	民國86年(1997年)出生	民國87年(1998年)出生	民國88年(1999年)出生	民國89年(2000年)出生
民國74年(1985年)出生	民國75年(1986年)出生	民國76年(1987年)出生	民國77年(1988年)出生	民國78年(1989年)出生	民國79年(1990年)出生	民國80年(1991年)出生	民國81年(1992年)出生
民國66年(1977年)出生	民國67年(1978年)出生	民國68年(1979年)出生	民國69年(1980年)出生	民國70年(1981年)出生	民國71年(1982年)出生	民國72年(1983年)出生	民國73年(1984年)出生
民國58年(1969年)出生	民國59年(1970年)出生	民國60年(1971年)出生	民國61年(1972年)出生	民國62年(1973年)出生	民國63年(1974年)出生	民國64年(1975年)出生	民國65年(1976年)出生
民國50年(1961年)出生	民國51年(1962年)出生	民國52年(1963年)出生	民國53年(1964年)出生	民國54年(1965年)出生	民國55年(1966年)出生	民國56年(1967年)出生	民國57年(1968年)出生
民國42年(1953年)出生	民國43年(1954年)出生	民國44年(1955年)出生	民國45年(1956年)出生	民國46年(1957年)出生	民國47年(1958年)出生	民國48年(1959年)出生	民國49年(1960年)出生
民國34年(1945年)出生	民國35年(1946年)出生	民國36年(1947年)出生	民國37年(1948年)出生	民國38年(1949年)出生	民國39年(1950年)出生	民國40年(1951年)出生	民國41年(1952年)出生
民國26年(1937年)出生	民國27年(1938年)出生	民國28年(1939年)出生	民國29年(1940年)出生	民國30年(1941年)出生	民國31年(1942年)出生	民國32年(1943年)出生	民國33年(1944年)出生
民國18年(1929年)出生	民國19年(1930年)出生	民國20年(1931年)出生	民國21年(1932年)出生	民國22年(1933年)出生	民國23年(1934年)出生	民國24年(1935年)出生	民國25年(1936年)出生
民國10年(1921年)出生	民國11年(1922年)出生	民國12年(1923年)出生	民國13年(1924年)出生	民國14年(1925年)出生	民國15年(1926年)出生	民國16年(1927年)出生	民國17年(1928年)出生
民國2年(1913年)出生	民國3年(1914年)出生	民國4年(1915年)出生	民國5年(1916年)出生	民國6年(1917年)出生	民國7年(1918年)出生	民國8年(1919年)出生	民國9年(1920年)出生

『天綠星魂』出生於天綠星魂的女性之命運特徵

①、出生於天綠星魂的女性，是擁有各種卓越潛能的女性。是否能有所發展，關鍵在本身的造詣。雖爲女性，但不會只重視婚姻，對自我的人生要求頗高，多半屬於個性好強且美麗的女子。

有儲蓄及節儉的美德，理財踏實，唯擔心情色方面的問題而失財。凡事顧慮周到，喜歡別人的關懷，若被忽視將會生氣而批評對方，此是最大的短處。

②、不論在哪一方面都能有活躍的星魂運。可從事技藝方面、女演員、教授、女性政治家等行業。結婚後能否成爲賢妻關鍵在於結婚的對象。會加以排斥不值得尊敬的男性，且不讓其接近，有時會瞧不起異性。

③、喜歡文化性質的活動，所以擁有極豐富的知識，可以成爲評論家。對於外國的文化相當有興趣，和他人的談話經常提到異國的各種風情，對於這樣知性的話題，容易使人著迷感興趣，因而在無形中增加了自我的存在感。

倘若沒有受到異性的注目則會感到沮喪，因此會想強調自我的魅力而四處撒嬌，表面上看起來溫和敦厚，其實內心十分好強，對一切事情都擁有反骨的精神。

如果發現他人不肯定自我，會有一股想將一切事情完成的意志力，以博取肯定。在女性同伴中往往是最出鋒頭者，且擁有領導能力。

④、喜好音樂、繪畫和大自然。如果因他人的冷落或瞧不起而激起心中的怒氣，則會徹底地漫罵對方絕不服輸。因對自己十分有自信，所以不重視婚姻。倘若對方不是真心重視和體貼自己，且在經濟上有餘裕者，是不會列爲結婚的對象的。

會溺愛孩子。對孩子的教育而言，此並非是一位賢慧的母親。往往因其溺愛而破壞丈夫對孩子所辛辛苦苦建立起來的教育，是屬於溺愛型的教育方式。由於將孩子認同爲自己，所以無法區分孩子與自己的人格；即不重視孩子自我的人格，這會令孩子感到困惑。且由於太在乎社會的眼光，因而容易採取不適合孩子的方式來教育。

喜歡美好的事物，有名氣的人物，以自我爲中心，存有羅曼蒂克的幻想。

⑤、若能將短處（脾氣暴躁）轉爲長處（決斷力快），而加以好好應用，則將能塑造良好的形象。年輕時的戀愛往往不太認真，因過份自信有時會喪失很好的異性夥伴。在烹飪或手藝方面很有才幹，對一切事物都能靈活加以應對。著重服飾，任何衣飾都能搭配合身，也知道在什麼樣的場合應有怎樣的裝扮，很能適應環境。

晚年喜歡安閒的生活。順從丈夫，夫唱婦隨，有高雅堂皇的典範。出生於此星魂的女性若能依自己的出生月日，好好搭配屬於自己的『女性魂』，則必能過著幸福的人生。

『地西星魂』出生於地西星魂的女性之命運特徵

①、出生於此星魂的女性對一切事物有極端地呈現雙重人格的特性。思考相當細膩，有慈悲心。

很會照顧他人，也深受他人的依賴。其自尊心比其它星魂都高，一旦他人損及其面子時，不僅不會懷有慈悲心，有時亦會將曾經照顧過的人推入深淵。雖思考慎重，偶而行動上也會有闕前不顧後的衝動。

②、有知性及理性的涵養，積極且廣泛追求各種知識和才能。但往往以自己的教養強制他人，堅持自我主張，予人極强烈的主觀印象。很會鬧情緒，且毫不掩飾地便將自己的情緒顯現在臉上。

如果碰上自己没法解決的事會變得很焦躁、憂鬱，一切事情都不想做。有時看起來很親切，有時又顯得難以接近，所以很難讓人掌握其真面目。自尊心高、好强、行動相當活躍、有決斷力。由於不肯認輸的個性，在人群中往往太過出鋒頭而遭他人反感。

③、由於出生時頭形良好，所以予人良好的印象，當思考人際應對的方式。

情緒好時非常喜歡講話，不管對方作何想法，仍是滔滔不絕。常因感情用事而招致失敗，帶來災厄。有時被認爲心胸寬大，有時又會被認爲很小氣。但一切往往以自我中心的教養與知性來判斷，所以能應對於社會。

④、在戀愛方面，是多次戀愛主義者。喜以自我爲中心來主導男性的意見，因此常與異性不合，且爲了要控制自我常感覺到痛苦。有時被認爲是吃硬不吃軟者，但有時又相反；或是寬大變小氣，親切轉冷漠等，有著兩種極端性質的轉變，這便是出生於此星魂之女性的特徵。

在家庭方面，家事與烹飪往往是因其興趣而做。若喜歡外食則不在乎花多少金錢，但該節省時也會很節儉。

總之，很能適應環境，同時也會依本身的教養保全自我。

⑤、相親式的婚姻生活絶對不會很順利，因爲其無法控制自己的生活。假定因此而結婚，離婚的機率會很高。通常他人會認爲自己很聰慧，這可能是長處也是短處，必須更加愼重去對應他人才行。會主動關懷別人，爲他人服務，但對於自己的缺點則完全不會加以檢討。

疼愛孩子，是位慈祥的母親，但晚年與孩子之間的關係會愈來愈冷淡。即使成爲一位母親，也會對能否有愛心的關照孩子這問題產生相當大的疑惑。

「寶冠星魂」出生於寶冠星魂的女性之命運特徵

①、在寶冠星魂出生的女性，其喜怒哀樂的表情容易顯露於臉上。然這並非不好，因爲人都有喜怒哀樂，表現出來是極爲自然的事，且也比較坦誠率性。

忍耐力强。表面上看起來好像很悠哉，實際上感情變化多端。有時會突然大發脾氣，可是氣消之後又若無其事地讓人感到訝異。個性率直，但是比較不容易與周遭的人好好相處，一旦被誤解時，會意氣用事而使事情愈搞愈複雜。凡事不應該過於以自我爲中心，退一步則事情將會迎刃而解。

②、工作積極且有耐心，可是不太關心對方的想法和主張，因而有獨斷的傾向。不論男女，一旦喜歡上對方就會產生强烈的愛慕之心，想要牽强地要求與對方交往，而使其感到厭煩。

由於比較多情，所以戀愛次數頻繁。與男性的關係往往屬於一廂情願，急著要求對方在情感上下個定論，因此，使男性感覺到有危險或太衝動，而敬而遠之。同時也有三角關係，或是自我乾著急等困擾。

③、結婚後會成爲掌控一切的家庭主婦。當然，妳丈夫會與妳配合，將任何事情都交予妳處理。由妳的星魂來判斷，這樣的關係是相當適合妳的。但對家事、烹飪方面不太在意，也不太照顧孩子，因此對丈夫與孩子而言，並非屬於賢妻良母型。

在經濟方面，有衝動且不擇手段去購買物品的傾向。對金錢的運用不太在乎，往往在衝動之際買下的東西，很快就不喜歡而心生後悔。

④、對孩子而言則是屬於嘮叨型的母親。完全忘記自己也曾經是個孩子，而常逼迫孩子要用心唸書。性方面的慾望强烈，經常追求滿足感，可是又覺得不滿，所以在心中常存有浪漫的幻想，希望自己能有外遇。可是一旦有外遇將會完全破壞家庭生活，導致不可收拾的局面。

要留意這種開朗的態度，不要被他人誤認爲是一種隨便。美感方面喜歡華麗。不過還是將原本的自我慾望控制些比較得當，所以，應儘量穿著樸素。

『龍東星魂』出生於龍東星魂的女性之命運特徵

①、一般而言，龍東星魂的女性多半溫柔慈悲，心地善良，在他人面前很會撒嬌。可是信念薄弱、容易受對方的影響而感化，凡事順從他人。由於如此，往往成爲自己最大的弱點。

在精神方面常處於不安定的狀態。理想高，且要求他人也要達到理想的目標，可是自己所追求的理想卻不會嚴格要求自己去達成。常作不實際的夢想，譬如凡事總認爲自己是女主角。且動如脫兔，靜如處子。會自我檢討反省如何改善自己的行爲。

②、喜好熱鬧，對小事情不會感到厭煩且積極努力去做。但有時在熱鬧時也會自心中產生一股莫名的孤獨感。在他人的眼中是有魅力的。對他人的主張會持反對的意見，急欲表示自己的想法。

倘若在他人的面前無法表達自己的意見時，其不滿會在內心積厭而引起奇妙的心理作用，如變得自暴自棄或無精打采，短暫性的陷入懶散的狀態。行動上雖很活潑，可是若沒有堅定的自信，往往會半途而廢。

③、在男女關係方面，表面上看起來很乾脆，可是實際上卻非如此。因爲本來就是屬於很熱情的人，只是一有不安感時便裝作很鎮定。

通常，所表現出的態度會令人驚訝地激賞乾脆俐落，但有時又會表現出猶豫不決的拖拉態度，令人不解。如果長時期沒有戀人會產生厭己感。雖經常戀愛，但因無計劃性往往會導致失敗，所以以相親式的婚姻較爲理想。

④、在結婚前對一切的職業都能適應。在工作上，倘若能力沒有受到肯定則會厭惡其職業，進而追求其它的理想與目標。凡事皆很能幹，可有時亦顯得很笨拙。雖然審美感與他人不同，但並不會拋棄自我獨特的審美觀念。積極蒐集各種資訊，但缺乏活用資訊的耐心，往往終其一生無法突破自己所設下的桎梏。

如果與男性一樣的擁有同等權利的職業，其職業在婚後仍會維持。興致高時責任感强，無興致時則會加以推卸。外表看似喜歡平凡穩定的生活，可是內心所想的往往與表現於外的迥然互異。倘若缺乏南國風情的開放感與熱情，則會認爲這樣的生活一定少有快樂。此即是熱情之中追求美感的女性。

『朱火星魂』出生於朱火星魂年的女性之命運特徵

①、出生於朱火星魂的女性，其『星魂』的影響力較按出生月日決定的『女性魂』來得强烈。對事物的探究心强，若有不明瞭的地方，一定要追求到理解爲止而不斷地研究。學習意願高，好學術研討。

②、好靜不好動，會慎重對應事物。凡事小心翼翼、客氣、肯吃苦，即使是他人不在乎的小細節也會注意。但是太過耿耿於懷的心態容易招致他人的誤解，有時自己的言行舉止無法傳達他人。任何事都依自己的想法去處理，容易導致失敗，雖有自我的主張，但害怕其會損壞與他人的人際關係，遂產生不良的封閉性之後果。

認爲一般的人性與社會是充滿醜陋與貪心的，經常想追求理想的社會與事物，但仍無法彌補自己的理想與社會的差距。

③、有關結婚的對象也是追求理想的丈夫形象，對自己的孩子有强烈的期望。雖自己不會想出鋒頭，但在內心有確固的理念。與丈夫之間的婚姻生活相當平靜，在孩子的心目中是屬於堅强的母親型。有關戀愛方面，不會掩飾或好浮華，態度認真，戀愛中少有狂熱的舉止

，由於如此，男性會處於不滿足的狀態。但，即使自己內心十分感動也不會加以表現，所以使男性難以捉摸妳的真面目，而將妳的文靜誤認爲是陰沈。

④、不喜奢侈虛榮，認爲浪費是醜惡的。雖然追求理想，但不代表一定要過浪費的生活。在男性的立場而言，雖較缺乏魅力，但若以好的角度來看，其性感是隱藏於內心的，肯爲丈夫奉獻自己，屬良妻型。

極重視同性之間的友誼或自小相交的朋友，相對地妳的朋友也會很重視妳，是屬於受人尊敬的星魂。但在兄弟姐妹之間較不被重視且感情不好，與父母親的感情較薄弱，完全以夫家爲生活的重心。

⑤、對小孩子的教育也是追求理想的，把自我的人生觀强制孩子去接受。非常討厭人爲的糾紛，對容易産生危險性的人物會敬而遠之，不想與其來往。

處於暗溝運勢期、沈滯運勢期、衰勢運勢期時，必須比其他星魂的人更慎重的生活。在狂迷運勢期容易發生家庭内部或親戚之間等的問題，也會有慢性併發症産生的危險。當捲入各種糾紛時必須仔細加以應對。在年齡方面所遇到的運衰厄生期、在前弱期、最强期及後弱期時，都是會使你動彈不得的時期。但是無論如何，只要在運衰厄生期時做好『星魂變革』，則便可無憂無慮地安心生活。有關其各種『運勢期』，第三章會有詳細的説明，至於『運衰厄生期』則在第四章中加以介紹。

『水流星魂』出生於水流星魂的女性之命運特徵

①、水流星魂的女性之『星魂』的本質是喜愛虛榮的，凡事都喜歡參與。其實這種虛榮的表現並非完全是負面性的，有時也會帶來活潑好動的朝氣。

對一切事物有很敏鋭的觀察力，非常在乎別人所説的話，同時一面談話一面觀察對方的一舉一動。洞察對方内心的真意之才能，是此星魂所具備的優良特質。

②、頭腦清晰、思想聰慧。由於知性力高，所以是屬於野心及慾望很强的女性。雖然喜歡胡思亂想，但仍不曾放棄原有的慾望而希望諸事皆能如願以償。由於知性力高，凡事往往以自我爲中心來思考。在同性之間强烈主張自己的意見，毫不謙讓，不過最後往往都會被接受。因此，這種星魂的女性有牽引領導他人的力量。

既有領導他人的力量，對於義理人情則應該很重視，可是不講究義理人情時，其本人也不會很介意。最討厭向他人低頭或者是奉承阿諛，也厭惡受他人的指使，獨立心强。

③、通常在周圍出現許多男性的羅曼蒂克的氣氛之下，這種星魂的人會顯露出自己的性格（假面目），而忘了自己原有的星魂的特質，表現出多情的慾望而招致失敗。

不管遭遇到任何問題或他人反對的意見，自己仍會堅持己見，即使無理也會一味地堅持。但由於是屬於受崇拜的形象，所以其意見向來會被他人所接受。不過難免會有人在背地裡批評。而且當他人不想與妳有更進一步的交往時，容易受其所利用。自尊心强，且易受其牽制而吃大虧。

自以爲很懂世故，可是觀察男性的眼光並非很銳利。不論是戀人也好，丈夫也罷，往往會令人覺得有不適合妳的意外感，這可能是因爲妳自己太過沈迷於戀愛本身的緣故。

④、肯爲孩子吃苦。孩子很早期便會離開父母而獨立。雖然妳想拉攏孩子的心向著自己，卻往往徒勞無功。晚年常感孤寂，所以應該趁著年輕時做好老年以後的計劃。不會有太嚴重的經濟方面的問題，可是由於妳的星魂是以精神層面爲主體，所以在精神上會感到比較貧乏。

⑤、應該清楚了解水流星魂的本質，再加以熟知自己出生月日的『女性魂』之本來的自然體，則必須摒棄目前自己的性格（假面）去生活才行。不然，以六年爲一周期所環繞的運勢期如暗溝運勢期、沈滯運勢期、衰勢運勢期，會使妳的人生有無可挽回的厄運。在運衰厄生期間也會有苦勞。然而在成育運勢期和滿華運勢期間，應將本來的自我（屬於該月日期間的女性魂）盡情的展現，以建立好基盤才是最重要的事。

有關六年爲一周期的『運勢期』，在第三章會有詳細的說明。

『風南星魂』出生於風南星魂的女性之命運特徵

①、風南星魂年的女性基本上心地很善良，對他人有强烈的同情心，親切肯犧牲自己，會照顧他人，聆聽他人的話且幫助與其諳談有困難的人。對於女性或男性都會予以傾慕，但較喜歡支援同性。

生活相當活躍，絕不是屬於聰明反被聰明誤的糊塗者。很會做生意，即使上班也會比他人活躍勤快。唯一與男性不同的是，妳並無擁有爲社會奮鬥的精神，一切都是以社會爲基點而爲自己所努力的。

②、在人際關係上講義理，有些冥頑不靈，雖會傾聽他人的話，但內心仍有疑慮，絕不會盲目地相信。如果他人是指導性的語氣來教導指揮自己，妳絕不會坦誠的接受，反而想加以抗拒。同時也頗會鬧情緒，假如妳站在別人的立場爲他人行動，或與對方商量幫助對方時，一旦其不合妳意，則會馬上憎恨對方。

對任何事情都相當有自信，所以在感情上容易起摩擦，但無女性特有的虛榮心。

③、在服裝搭配上很有審美眼光，且穿著優雅。至於審美的角度絕不會盲目的追求流行

，而是依自己的才能來判斷及搭配。私人生活是公開的，開朗，喜歡與很多人聚集在一起。

妳是喜歡多次戀愛者，由於本身多情的緣故，使妳不會只與一位男性便終其一生。喜歡有個性的男人，可是如果男方想主宰領導妳的思想，則不會坦誠的接受，所以在戀愛時或夫妻間的感情常會起摩擦。通常，夫妻倆會很有耐心去克服一切的困難，但有關金錢問題，與丈夫的想法差距較大。

且妳對自己的意見之傳達的方式不是很高明，所以反而會使問題弄得更僵。與男性之間的關係，雖然想與像妳這樣美麗出衆的女性談戀愛，或結婚的男性不少，但多半屬於較多情且風流的男性，所以與另一位女性的糾紛和煩惱也頻生。

④、對孩子的管教態度不一致，有時應生氣時反而不生氣，但不需生氣時卻火冒三丈，因此不是屬於熱衷於教育的良母。且對於男孩較溺愛，女孩則管教比較嚴格。不常生病，可是一旦得過重病後，就會演變成慢性病而終身爲其所苦惱。容易流產，應該多加注意。生產後會發胖而爲自己的身材所煩惱。

⑤、本來「性格」並非自己的真面目，而是由環境所造成。不過若沒有清楚了解自己星魂的本質，就無法完全把握住自己的人生。雖然妳懂得人情世故，但是由於環境上的變化，所以妳的性格（假面）也會逐一地轉變，而導致他人有「某某人真是善變」的批評，且少有人能夠清楚了解妳本來的真面目，這點對妳而言相當不利。爲此必須遵守不變星魂的本質，以

本來的真面目朝人生的目標邁進。

由於妳喜歡抱怨，所以他人也會把妳當成抱怨的對象。

必須注意接連三年的運衰厄生期，而謹慎地生活。尤其是前弱期、最強期及後弱期這三個時期；特別是處於最強期時最危險，會發生多次生死攸關的事件，或是家族離散、生病等災厄。有關『運衰厄生期』的細節，請參照第四章。

『虎北星魂』出生於虎北星魂年的女性之命運特徵

①、出生於虎北星魂年的女性，多半是屬於心胸寬大的女性，絕對不會犧牲他人而使自己脫穎而出，品格高尚，對一切事情都能夠包容，忍耐力強，處理人際關係的態度平和，所以給人的印象是屬於溫柔，和善型的女性。格調高雅、樸素，且具有吸引他人的女性風味。

②、對社會性的問題非常關心，凡事總再三思考後才會下結論。不論做什麼事情都會先擬妥計劃，反覆斟酌後才會付諸行動，一旦著手後，即使有再大的困難也不會輕言放棄，貫徹實行。

她最討厭虛僞謊言，倘若對方沒有完全表達真意則不會加以接受採納。行事相當顧慮且客氣，所以即使有良好機會也會喪失。強烈地追求理想，對美的感覺十分敏銳。態度溫文儒雅，穿著有品味，予人良好的印象。在他人的面前是屬於話少沈靜者，可是對自己敞開心扉的親友則會變得頗爲健談。

③、嫉妬心强且多疑，可是在表面上不會完全表露出來。比較適合相親式的婚姻，與丈夫的年齡最好相差十至十二歲以上。對另一半的選擇條件眼光很高。在戀愛方面雖屬被動，

可是在面對宛如鬥牛一般展開猛烈追求的男士，也會如技術高超的鬥牛士；巧妙地加以躲開。

④、對孩子的教育方式相當不擅長且十分苦惱，凡事都想依賴丈夫，雖然很想努力做好一位理想的母親，可是卻不被孩子們認同，因此會選擇十分負責認真的男性做爲結婚對象。由於當丈夫者百分之百都以事業爲重，所以婚姻生活會比較平淡，因此最好將這種平凡的生活視爲一種幸福，如此才容易獲得快樂。

此星魂的女性不會輕易在他人面前暴露自己的缺點，但是脾氣比較暴躁易怒。喜愛花卉，繪畫、書法及閱讀書籍，因爲其認爲有教養及知性的女性才具有美感。

雖生活較平靜，但是在『運衰厄生期』時也必須要特別注意。

有關『運衰厄生期』的細節，請參照第四章。

第二章

「假面的自我」與「本來的自我」

——能夠操縱命運之「女性魂」的奧秘

●「性格」並非自己本來的真面目

「羅門先生，有關『假面的自我』到底是什麼意思啊？」

一位女性突然對我刊載在雜誌上文章中，常提及的「假面的自我」感到疑問，而提出問題。

「通常人不論遭遇到好壞事，都會將自我的『性格』盡情地發揮，而認爲這就是自己的個性。例如，看見喜愛嘮叨者就會批評説『那人天生就是這副德性，很難改囉』，如果是行事猶豫不決總是無法下決心者，便會認爲他是屬於『拖拉型的個性』。」

「確實，常常會聽見這樣的評語。」

「妳曾經聽過性格這句話嗎？」

「當然聽過啦！通常要評論他人時，往往會説其『性格』如何如何。」

她很想知道「性格」與「假面的自我」，兩者之間到底存在著什麼樣的關連，所以我爲了使各位也能清楚地了解，將於其後對「性格」稍作説明。

「欲斷定一個人時，不應該以『性格』來加以判斷，將一切的行爲都歸咎於『性格』所致是不正確的觀念。此『女性星魂術』所針對的乃是不同的『性格』上之差異，由於個人的生活環境不盡相同，所以『性格』自然也會隨之互異。而所謂的生活環境則包括妳的生活、家庭、朋友與工作；甚至於妳的一切行動或思考等都是。」

「我有個朋友的戀情是屬於不正常的三角情結，這就是他的生活環境嗎？」

我苦笑著回答：

「妳的朋友這種不正常的行爲與狀態，確實是他的生活環境。」

「那麼我的朋友所處的環境肯定不太樂觀囉？」

我再次苦笑地回答：

「到底畸戀是對還是不對，我們先暫且不談，因爲這不是妳的問題。」

「我知道了。」

她低著頭不好意思地笑了一下。

見到她的反應，我笑著說：

「這並不是妳朋友的問題，而是妳本身的問題對不對？」

她表情慌張，低著頭氣急地說：

「我才不會搞這種關係呢！」

看著她不自然的回答，我溫和地笑著說：

「前已提及，人一出生後會受到生活環境很大的影響，而形成所謂的『性格』，正如『近朱者赤，近墨者黑』就是這個道理。倘若妳在人生的歧路上往A道路邁進，就會因A環境而造成A『性格』；若選擇B道路，則會因B環境而造成B『性格』，因此所謂的『性格』並非是普遍性的本質，也不是『本來的自我』。」

她已經逐漸恢復鎮定，平靜地聽我說話。

所謂的「性格」是由英語character加以翻譯而成，其根源是出自於希臘語的charater，有被「銘刻」的意味，後來又被引申爲「標幟」或「特性」的意思。

在心理學上，將性格與personality歸爲相同的意思。personality之用語起源於拉丁語的「personal」，本來是指在話劇中所使用的「假面具」。

即是意味著演員戴著假面具演戲，但後來逐漸被引用爲解釋個人的特徵。

性格是比較傾向情緒化的，會誘發憤怒，悲傷、驚訝、喜悅等的感情產生。有意志性地想完成所想要達到的目標，强調個人的差異與內心的層面，可說性格是比較偏向「內心的動態」。

至於personality被翻譯爲「人格」。例如，遵守道德的規範或者是對事物的價值判斷非常穩固的人，往往會被稱之爲「具有人格的」，這正說明人格是比較注重「行動方面」的。

當評價他人時，我們往往會使用「性格」這句話，可是有關美德方面的行爲，則會以「人格」來表示，因爲「性格」的真意即是「假面」。

通常，性格可解釋爲人戴上「假面具」表演的意思。

取下「假面具」之後，便會露出本來的自我，同時也流露出本來自我的「靈魂性」。所謂的「假面具」不過只是「假面具」罷了，並非自我本來的真面目。

另外，「性格」也具有「銘刻」的意思。由於所處的環境互異，故在不知不覺中便銘刻出自己的「假面具」。當妳在尚未出生之前，於母親的胎中並非以「性格」，而是以「魂」，即是所謂的「靈魂性」來表現，而產生「不變的命運」這個事實，有關這點，是非常重要的。

所謂的「性格」不過是「假面具」罷了，而本來自我的真面目就是「魂」。妳的「魂」具有「靈魂性」，掌握著自己的命運。

「靈魂性」不論好或壞，都是妳本來的面貌，所以應該坦誠加以接受，拋棄自己的「假面具」，完全排除「因爲性格如此，才會如此」的藉口，才是最要緊的。

●個人的命運是獨立存在的

「羅門先生，那您所說的『星』又是指那顆星呢？在占星術中也經常提到有關星的事情，我想瞭解它真正的意義究竟爲何？」

「正如妳所說，確實是提到許多星星啊！哈哈……。」

我立刻捧腹大笑起來。

「先生，我實在不明瞭您爲何這樣大笑，但是在占星術的領域裡，確實宛如天象儀一般，列舉出好多的星座，如獅子座、天秤座等，可是這些好像與日常生活並沒有多大的關連。」

正如她所說的一般，一提到占星術確實會令人聯想到夜空中璀燦發光的星斗，但我的「星魂術」並非宇宙間衆多的星座。雖然利用宇宙間的星座來占命十分有趣，可是我所强調的是我們所生存的這個「地球」本身，因爲妳的命運是建立在這個星球上的。

只要妳存在這個星球上且與所謂的「魂」及「靈魂性」相互結合，便會產生妳個人的「命運（moira）」。

「先生，我曾見過許多的占命術，但是看它們所列的圖表發現在這世上與我的命運相同的人彷彿很多，可是羅門先生，您的『星魂術』所算出的我的命運是否只有我一個人擁有呢？」

「是的。在這世界上，絕對不可能有第二個與妳命運相同者的存在。」

「那真是太神秘了！我的命運只有我一個人擁有。」

她情緒興奮地頻頻頷首。

理所當然的，以肉體上的某部份而言，在世上不可能有第二者與自己的指紋或容顏完全一模一樣，所以妳的「靈魂性」自然也是如此。而且，所謂的命運並非存在於妳的「假面」

，而是存在妳本來的自我之中，因爲妳的「靈魂性」具有「女性魂」的特性。

人生絕非只是一齣「戲劇」或是「舞台」，所以應該拋棄所謂的「假面具」，而以自我本來的真面目來面對一切事情才對。

不應該將自己的行爲歸咎於「性格」所致，凡事推卸於「性格」的人生，實際而言只能說是「假面的人生」罷了。

爲了要瞭解妳的命運，應該要清楚知道許多「星魂術」的法則。本章所介紹的「女性魂」便是其中之一，此是依妳的出生「月」、「日」所決定的。

●「靈魂性」和「女性魂」

「請妳告訴我，妳的出生年月日。」

對我的問題她再度感到緊張，認爲終於談到關鍵性的主題了。

「我出生於一九六〇年一月二十二日。」

她稍露不安的神色，以很清楚的聲音回答。

在前一章節曾有提及這位女性的「命運之星魂」是屬於一九六〇年出生的「天綠星魂」。之後又知其出生的「月」、「日」，她是一月二十二日出生的，所以是屬於「感情女性魂」，實行型、靜寂魂」。

「我是屬於『感情女性魂，實行型、靜寂魂』嗎？」

她好像對自己的「女性魂」相當有興趣，在第五一頁至一四〇頁中，有關於十二個「女性魂」的特徵之解說，請妳看看屬於自己的部份，在那裡有描寫妳本來的真面目。如果在閱讀此部份時發現有許多「不對或不同」的地方，即表示是將假面的自我與原本的「靈魂性」的自我相較之緣故。通常不同的地方愈多，表示妳較常以「假面」的自我來面對人生。

「我有些害怕閱讀有關『女性魂』這部份。」

「女人總是常將害怕或恐怖等字眼掛在嘴巴，其實這一點都不可怕。可以了解自己本來的真面目應該是很快樂的啊！」

「確實，您說的相當有道理。可是如果看見不好的地方就很可怕了。」

「雖然好、壞的特徵都會詳細地描述，可是關於不好的地方，往後我會替你全部改好，所以妳大可放心不用顧慮。」

她稍微放心之後，又再度提出問題。

「先生，一旦我的命運的星魂『天緣星魂』，和女性魂『感情女性魂，實行型、靜寂魂』都知道後，就可以完全解明我的命運了嗎？」

「所謂命運的星魂是在了解該年出生者全部的星魂的特徵，至於以日月區別的女性，總是針對個人的特徵而言。當然，並非只是依靠此兩者就能夠掌握你的命運，只不過是使妳更加確認自己的『靈魂性』而已，所以是解明命運的重要方針。」

「其實，命運就宛如美麗的刺繡一般，是由各式各樣的線加以組合，針織及刺繡而成。妳的命運也是如此，是由各種人際關係的線組合而成的。因此，要正確地掌握命運則必須先了解這些組合的線才行。」

「的確如此。否則一九六〇年生的女性及一月二十二日誕生的女性那麼多，如果只是輕易就能了解各種命運，則表示擁有相同命運的女性是相當地多囉。」

她逐漸恢復自信，談話也愈來愈流暢了。

一般來說，占術的領域中總會出現許多人擁有同種命運的情況，其實這是十分矛盾的，因爲不可能有人的命運是一模一樣的，正所謂人各有命，即是如此。

下面就讓我來做有趣的計算。

與妳一樣命運的星魂是屬於「天綠星魂」者，目前仍存活的人數全國約有七百八十一萬人。在這之中，女性魂屬於「感情女性魂，實行型、靜寂型」的女性全國約有六十五萬人。這表示若以普遍性的「占術」來看，擁有相同命運者將會有很多，因此，就沒有辦法完全掌握自己的命運了。

「我知道了。假如羅門先生要調查我的命運，則必須要按照「星魂術」的法則去探索才行。」

「是的，命運確實是相當不可思議，且具有神秘性。如果將所有的法則在書中作仔細的說明，那將是極龐大的篇幅。」

「先生，可否麻煩您稍微指導一下。」

「我認爲妳應該接受『女性星魂術的鑑定』。」

「當然。我打算請先生幫我鑑定。」

她彷彿已能明瞭我所說的內容，且對「星魂術」的法則有强烈的學習意願。

一旦接觸「星魂術」之後，便會發現它是非常神秘的。此不僅可以調查有關自己的靈魂性，且在調查丈夫與孩子的靈魂性當中，也能夠發現人與人邂逅所產生的不可思議的緣份與命運。

命運隱藏在神秘的暗夜裡
宛如竪琴般地
其透明的弦奏出繁星點點
妳轉身想探知命運的足音
希望能與意中人邂逅
背靠著背相偕賞夜

由於無法看見愛的陽光
也不能由貪慾的沼澤中跳出
因此困惑迷惘
當命運呢喃細語時
會和隱藏之情愛邂逅
當兩人培育出新的夢想
明白神秘之光所照耀的預言時
命運將成爲兩人之愛的指標
依照本書可以讓妳清楚地了解自己，在人際關係中的本來之真面目，及實體上的本質。
請依下頁表格調查妳的「女性魂」。

依誕生月日所快定的女性魂

①感情女性魂	實行型	陽明魂	十二月十五日～一月十四日出生
②感情女性魂	實行型	靜閒魂	一月十五日～二月十四日出生
③感情女性魂	知覺型	陽明魂	二月十五日～三月十六日出生
④感情女性魂	知覺型	靜閒魂	三月十七日～四月十六日出生
⑤實行女性魂	感情型	陽明魂	四月十七日～五月十六日出生
⑥實行女性魂	感情型	靜閒魂	五月十七日～六月十四日出生
⑦實行女性魂	知覺型	陽明魂	六月十五日～七月十四日出生
⑧實行女性魂	知覺型	靜閒魂	七月十五日～八月十四日出生
⑨知覺女性魂	實行型	陽明魂	八月十五日～九月十四日出生
⑩知覺女性魂	實行型	靜閒魂	九月十五日～十月十四日出生
⑪知覺女性魂	感情型	陽明魂	十月十五日～十一月十四日出生
⑫知覺女性魂	感情型	靜閒魂	十一月十五日～十二月十四日出生

①『感情女性魂/實行型、陽明魂』
十二月十五日～一月十四日間出生的女性之誕生月日的靈魂性。

【身體的特徵】

①、對於會造成緊張的場合，可以依情緒很有耐性地加以抑制，可是如果沒有興緻，則無法持續這種長時間的緊張，這與本身的意志力無關，只是比較無法在緊張與鬆懈的情況之間作抉擇。動作不是很敏捷，因此在活動時會顯得比較遲緩。

②、在陌生的場合或陌生人的面前，常會因爲緊張而無法立即下決斷，或依直覺來判斷事情、行動或說話，所以往往被誤解爲態度傲慢。不過通常給人的感覺是比較溫柔、敦厚且心地善良的。

③、具童心未泯的少女氣質，喜歡將自己的生活過得很忙碌。體型是屬於纖瘦型。一般而言，少女時期多半是一直維持帶點神經質的瘦感，即使是終身瘦弱者也很多。

④、是屬於會喝酒的女性，且會顧忌喝酒的場所及氣氛，而且一旦嘗試之後就會喝很長的時間，但不喜歡只同女性喝酒，喜歡有男性同席的場合。

【綜合能力的特徵】

①、在孩子時期比較神經質，屬於在家稱雄，在外怯懦，會鬧情緒且善變的人。在少女時期，行動上相當活躍且以自我爲中心。

②、有關色彩及設計的調和感很敏銳，所以在服裝的搭配和裝飾品上品味獨特，不僅要求自己，也要求他人應該注重外表及穿著。

③、有獨創性的企劃力，又有豐富的想像力。對情緒和情調的營造有優秀的理解及掌握能力。對較抽象的事物能夠說出自己的意見，但是對具體性的問題分析力較不在乎且樂觀，所以在方法論之實行上缺乏綿密及嚴正。往往視自己雕蟲小技的小聰明或瞞騙的作法，認爲是極聰明的應對法。

④、有關文學力面的素養較弱，美術方面的天份較優。很在乎自己所看到的感覺，且不擅長以文學的方式來表現，而喜歡以美術的型式來展現。

⑤、好奇心旺盛，視野廣闊，在乎資訊的取得，不會專對某一項事物專精或了解深入，比較偏向普遍性和務實性。

⑥、不會只鑽研某一領域，而喜歡綜合性的事物，是屬於重量不重質者。非常重視國際化。對任何事都會盡量避免獨斷與偏見，碰到對立的事件時會設法使自己的態度保持中庸。

⑦、對於嚴正性的理論，或是遇上兩者之中要擇其一時的決斷力較弱。處在必須抉擇或有所限定的場合時，會因感情上的糾葛而有所逃避。但是，一旦做了決定之後，會貫徹堅持且意氣用事。

當發現解決事情的方法有兩種時，往往不願只選擇其中一種而想要兩種皆嘗試，可是這種模稜兩可的態度，常會令人產生優柔寡斷的印象。

⑧、凡事缺乏計劃性，毫無理論性的嚴正態度。不擅長作分析評估，偏向以主觀及感情之好惡來決定喜歡或者是討厭，所以往往會被評斷爲不會明辨是非，是敷衍了事的人。

⑨、感情容易動搖、無耐性、處事善變、十分厭惡墨守成規者，喜歡新奇和變化，對流行趨勢相當敏感，且關於大衆和輿論之動向會有推波助瀾的傾向。由於個性屬於較圓滑，喜歡見風轉舵往好處走，所以常被人批評爲「風向器」。

⑩、期望自己能夠成爲了不起的革新者，堅持自我的主張，對於卑屈謙恭的態度反而認爲不好，覺得能夠表達自我主張才是理想的生活態度。

⑪、爲了想要克服自己的怯懦或害羞感，希望能擁有信念、向上心、修養及鍛鍊等精神層面上的力量，可是在實際生活上並無表現。

⑫、由於對金錢不太有價值觀或執著心，所以看起來很大方，但也全非無不安的感覺，因此，在太浪費或衝動購買時，雖內心不安但仍會購買，可是一旦回家後便開始後悔了。

【對人或社會性的行動能力】

①、認爲人生充滿希望，對自己所處的環境抱持著相當樂觀的看法，是屬於對他人毫無警戒心，易相處的人物。擁有自制的精神及彈性化的感性，但有時會毫無理由地讓自己陷入痛苦的深淵。在生活環境中倘若發生問題，總抱持著「船到橋頭自然直」的心態，而不會努力去解決。有開朗的人生觀，但另一方面，在內心深處並無想加以實現的衝力。不過仍是認爲生存就必須要堅持自己特有的理想，如果放棄便會覺得人生充滿寂寞與孤獨。

善良、喜歡照顧他人，可愛且淘氣，在他人面前會說大話，愛表現，有時會被認爲是不可信賴的女性。

②、不喜歡在他人面前表露出自己的弱點，自己的痛苦或煩惱渴望他人能夠瞭解。思想開放，希望與他人能夠平等對待。渴望追求愛情和自由，討厭儀式、禮節或刻意講求義理人情，太過嚴肅呆板的社交活動。

③、容易受環境、狀況或條件性的事物所影響，因此一般性的社交活動廣泛但不深入。具包容性且樂觀。對於極熟悉的朋友也會堅持自己的主張，在他人的眼光中會期望她是屬於羅曼蒂克的女性。好奇心旺盛且容易陷入著迷的程度，但往往只有三分鐘的熱度。

④、和他人交往認爲其是可以理解自己的信念者才會對其敞開心扉。喜歡說服他人，認

爲互相談話便能表示好感。

⑤、不喜歡自己受到束縛，避免受他人恩惠、義理、約定、時間等方面的限制和牽絆，有堅持自由奔放的體制之理想。

【實行與行動的特徵】

①、有配合環境而變化的順應性，做事有彈性，不過偶而想法也會有所改變。不喜歡晦暗，喜歡開朗的環境。

②、對他人較無警戒心和猜疑心，同時他人也不會對自己有所警戒，即使親朋好友之中有絕色美女或有涵養魅力的女性，其一點也不會在內心產生壓迫感。由於具有這樣的靈魂性，所以無論對人或對社會都能夠好好的相處。

③、討厭接受他人的命令，如果對方太過具體或詳細地加以指示，則反而不容易行動。如果只是給予暗示性的提示，則會依自己的判斷去行動。對於嚴密被設定的目標無法提高意願，而抽象的目標則相反。凡事不喜歡做完美的結束，喜歡留下一些較含蓄性的未完成部份予他人去解決。

④、因爲喜歡做任何事情都能得到衆人的共識，所以不會只聽從一位指導者的命令便去執行任務。喜歡會議或合議的制度，討厭自我孤立化或個人的行動，可是一旦遭受到衆人反

對的時候，反而會意氣用事。

⑤、與他人談話時不會一味地堅持自己的意見，而期望能藉由談話使自己內心得到滿足。欲强調時，並不會選擇各種方式來表現，而是一直反覆該句話直到對方接受爲止。有時顯得嘮叨而令對方厭煩，但，由於出於無心，所以自己並不在意。

⑥、認爲人與人相處最重要的便是坦誠不加以隱瞞，互相打開心扉交往，唯有自己的心與對方的心都能敞開地行動，才是人際關係最穩固的基盤。

⑦、對他人容易感到嫉妒的事情，反而不會去嫉妒，可是他人比較不會去顧慮或在乎的事，則反而會產生嫉妒心。雖然嫉妒心不會表面化，但是，與他人的對談當中，若產生嫉妒心時，則回答的辭句會含糊不清，無法集中話題。一旦產生了嫉妒心，則必須花費頗長的一段時間才能夠消除這種心態，之後才會强烈地反省自身的錯失。

【性的特徵】

①、在少女時期對性會產生些微的好奇心，但，在精神層面上則會有强烈的壓抑感。與他人的談話中若提到有關性的話題，雖然自己有興趣，卻因爲精神層面有所壓抑，自然而然地會想加以避開。

②、在結婚之前與男性的交往過程中，如果没有附帶戀愛性的感情，則會極端的害怕有

性的關係，不過這種抵抗感會愈來愈薄弱。一旦有了性的關係之後，對性的觀念會有所變化，爲了想吸引對方的心，會一直與其維持性的關係。

③、結婚後性生活便趨於平淡，對性的觀念會再次產生變化而傾向較惰性的生活。且亦會因丈夫的『星魂』和『靈魂性』的不同而有所轉變，不過對於性生活的喜歡程度和熱情仍是比較平淡，而依賴丈夫的主導。

不會有淫靡的妄想，而喜歡將自己的夢想美化成爲童話故事或想像自己是劇中的女主角，且會對另一個非現實的自我感到性慾。實際上，關於對性的執著觀念會相當難判斷，這是由於環境的變化會使自己對性的概念產生微妙的變化之故。

【有關疾病和健康的特徵】

有關疾病和健康與個人的隱私生活有很大的關係，所以不方便在本書中加以記載。若欲知詳細的個人疾病的狀況，將可在前來接受『星魂術鑑定』時，予以明確地解說。

在此所能告知的範圍就是有關罹患胃弱、低血壓症、糖尿病，或是痔瘡等疾病者會比較多。

有關『癌體質』、『壽命』或是其他疾病等方面的問題，請前來接受『星魂術鑑定』。

②『感情女性魂／實行型、靜閒魂』

一月十五日～二月十四日間出生的女性之誕生月日的靈魂性。

【身體的特徵】

①、屬於該女性魂者做事相當有規律，不會呈現出緊張或動搖不定的表情，即使有壓迫感也會忍耐，且很有信心地控制自己感情上的激動，所以外表予人冷淡且行動緩慢的感覺。

②、比實際年齡看起來成熟，同時多爲美女型，所以他人多半無法判斷妳的實際年齡。態度很穩重，但是好像有些目中無人，優越感强烈的傾向，意志力很强，不過，若在他人面前都採取低姿態，令人產生好感。雖然令他人感到容易接近且較隨和的態度，有時仍會表露嚴肅的一面。

③、少女時期較不活潑而懂事，已稍具備女性特有的風味及柔順愛撒嬌的氣質，但一踏入社會之後便開始發揮靜閒魂的特徵。外表予人高貴的感覺，其高雅華麗的舉止也會成爲男性追求的目標。

④、屬於會喝酒的女性，喜歡喝酒時氣氛極佳，且男士都以妳爲焦點的場合。酒量好、

舉止高雅、絕對不會喝酒後便鬧事的舉動，也討厭爛醉的模樣，不過一旦喝多了便會顯得囉嗦多話，且會戲弄男性。

【綜合能力的特徵】

①、不會在表情及態度上表現出喜怒哀樂。在自我的環境中忍耐力很強，默默地務實耕耘。在日常生活上行動相當積極，對事物的好壞分得很清楚。

②、不會積極提案或提出意見，順從一切被指示的事項，很重視他人的意見而不會對當場的處境判斷錯誤。

是屬於站在被動的立場，來加以應對對方的反應的女性作風。

③、雖然沒有積極的直覺力，可是感受性豐富，觀察力敏銳，即使與自己本身沒有直接關係的問題，判斷力也會非常靈敏。不喜歡出鋒頭，喜歡居於第二位的立場來行動。即使是小事，也會仔細嚴格的觀察。

④、對自己個人的問題，尤其是感情方面的事，不太能夠做好自我統制，對於事物的善惡和倫理的規範較不一致。所以容易陷入危險的困境，因而在這種狀況之下必須接受第三者客觀的指導。所謂的近朱者赤近墨者黑，此星魂的女性應該慎重交友。

⑤、自我批判的標準較寬容，且容易順應環境而不想去嚐試突破或克服既定之環境。雖

沒有具備比他人優秀的才能及對應環境的多面性，但是會很有耐心的貫徹最初立下之目標，且視此爲人生的理想，所以一生中的生活模式比較不會有變化。

⑥、不擅於以知識的領域來確定自己，重視熟能生巧的技術實務層面的經驗，在實行方面相當有才能。

⑦、不僅重視自己國家的傳統，也重視世界各國的傳統。對於古典藝術的分野及古老精神層面的文化（具宗教性質的）非常的憧憬。喜歡傳統的事物，會沈迷其中而表現出個人獨特的優雅女性風味之形象。對文學、音樂，和具有詩情畫意的自助旅行相當有興趣，認爲追求這樣的嗜好才是自我人生最有意義的事。

⑧、具有洞察環境與社會動向的能力，而對於其利害關係與自己的損益之影響的直覺相當敏銳。不喜歡在社會上突顯自己的角色，而喜歡退一步的屬於背後默默地發揮自己的力量。很會順應社會的進展，在做任何事時都會等待到時機成熟後才會著手，不太擅長將眼前所發生的問題做機敏性的處理。

⑨、有關金錢或生活方面是屬於樸實的節約主義者，但是在興趣或嗜好方面則相當熱衷，不過在金錢的運用上是屬於冷靜客觀且精打細算者，具有良好的理財能力。

【對人或社會性的行動能力】

①、抱持著有苦就有樂，有樂就會伴隨著苦的人生觀，認爲人生不能做白日夢，不會焦急也不會心慌。對任何事不會得意忘形，凡事重傳統的經驗，絕不會重蹈覆轍。經常做自我反省，是屬於重經驗實務的現實主義者。對人生不會擁有海市蜃樓的夢想，也不會感到孤獨或貧窮，不喜歡一開始就對自己的人生下定結論。

②、順應社會新的動向和流行，而成爲社會潮流中的一份子。根據歷史上的人物認爲人生沒有所謂的大善人或大惡人，也沒有絕對的善和惡的存在。雖不會去干涉他人。但是極端討厭受他人的干涉。不會壓抑自己的感情、喜歡順其自然的生活方式。

③、對自己應做好的事一定會負責到底，但對於他人的問題，由於是處於被動的姿態，所以能推御責任的話，便會儘量的推卸。

由於不會勉强自己去做不喜歡的事，所以凡事不會超之過急的下好壞的結論，或輕易地付諸行動。不會對他人有所期待，假定要求他人幫助時，會非常客氣地去拜訪對方。

④、不會積極地表現出社交性的態度，若是處於被動要求社交活動時則不會抗拒、反而會積極地接受。不會有主動犧牲奉獻的精神，也不會爲社會或環境所影響而被迫犧牲自己。無論如何，一旦發現自己即將成爲犧牲者時，則會很快的加以排開；即具有迅速擺脱現況的

敏捷的才能。

⑤、對於任何事物不擅長抓到應把握住的竅門，且缺乏多面性的想法，因此，很難去打破僵局。雖然其有意志力或意願，但是很難用言語來表達。

對於長輩的命令會加以服從，可是對晚輩不喜歡太過於指示。有關人生的問題都採取旁觀的立場，以批評者的形象表現，此乃這個女性魂最大的特徵。

【實行與行動的特徵】

①、表面上的態度雖然看起來很柔順，可是內心裡對於現實的環境卻有許多的批評和不滿。採取謙虛的態度時會被認爲是想要擺脱目前環境的虛僞的態度。然而態度溫和又柔順，並非對現狀的滿足而表現出來的。

②、對於過去發生的事不會耿耿於懷，對自己的未來也不太會加以深慮或計劃，不過這可能是爲了能夠有彈性地採取自由的行動，所採取的姿態。

③、必須要做主觀性的選擇或判斷時，假若没有耗費整天時間去思考，則没有辦法想出，若加以强迫其下決定，則往往會喪失理性而感情用事。

④、不擅長直接表明自己的希望，而會去觀察對方的心理之動向、態度來選擇最接近自己所期待的方向。

⑤、在戀愛的時候，不管內心對對方多有好感也絕不主動去表明。即使是發現對方已對自己有好感、只是尚未付諸行動，但在其採取追求行動之前，仍只會保持觀察的態度而已。

⑥、說話的語氣無抑揚頓挫、十分平淡，沒有起伏，其淡淡的語氣好像在說故事一般，說話的段落不清楚，好像隨時會有突然斷掉的可能。

⑦、對於不擅長表達內心的想法和情感感到十分焦躁。假定受到他人的指責或責難時，應該避免辯解或找出其他的藉口，只要說明事實就好。不過多半是不會這麼做的，因爲知道自己不會是一位說服者，只能當一位好的聽衆，因此往往會被他人認爲是賢淑的女性。

⑧、雖然知道自己會感到嫉妒，但是討厭自己有這種感覺。認爲嫉妒就是邪惡。但對同性之間的細節問題會產生强烈的嫉妒心。

對男性之所以會產生嫉妒心，是因爲其背後還牽扯到女性，所以才會嫉妒。這種透過男性而產生的女性相互之間的嫉妒心是相當强烈的。當自己認輸或是本來佔優位卻仍是存有不甘心的心態時，也會厭惡對方而產生强烈的嫉妒。

【性的特徵】

①、雖較早熟，但有關性方面的問題不會深入去思考。在學生時代對性的話題也不太熱衷，不過並非輕視性的問題。認爲男性之所以比較主動的原因乃出於動物性的本能，而且性

是女性對應男性的武器之一。

②、通常男性並不認爲要把自己的身體奉獻給女性的想法，但是一般女性都有想把自己身體奉獻給所愛的男性的念頭，此女性魂對性的觀點也是如此。在戀愛或結婚前，一旦發生性行爲並不會有這種想法，可是當兩人的精神層面有摩擦時，說不定妳會脫口說出「原本你想要的只是我的身體」。所以，在戀愛時，最好都不要談有關性的話題。

【有關疾病和健康的特徵】

有關疾病和健康與個人的隱私生活有很大的關係，所以不方便在本書中加以記載。若欲知詳細的個人疾病的狀況，將可在前來接受『星魂術鑑定』時，予以明確地說明。

在此所能告知的範圍，就是有關罹患心肌梗塞、慢性腸炎、慢性胃炎、高血壓等方面的疾病者比較多。

有關『癌體質』、『壽命』或是其他疾病等方面的問題，請前來接受『星魂術鑑定』。

③『感情女性魂／知覺型、陽明魂』

二月十五日～三月十六日間出生的女性之誕生月日的靈魂性。

【身體的特徵】

①、知性較强，所以感情方面很難表露。日常的行動緩慢且不自然，比較遲鈍、僵硬，但自己本身並不在乎這種姿態和行爲。

身體的某部份好像缺乏注意力和緊張感。少女時期相當神經質，多半都屬於知性型瘦身的女性，可是中年期以後多半都成爲肥胖型。

②、本來的靈魂性溫和且開朗。幼兒時期十分可愛，但到少女時期則變得非常任性、調皮，是長大之後會變得有教養，但在他人面前仍容易怯場。

③、不太能意識到緊張感和懶散，可是他人會很注意。早上起床相當困難，所以要起來開始行動時必須耗費三十分鐘。在日常生活中經常想休息，實際上也是一有機會便會立刻休息。

④、這種星魂的女性對食物方面較喜歡高級品，同時也相當注重進餐時的氣氛。喜歡攝

取水分，實際上其身體也十分須要水分的供給。通常喜歡喝茶、咖啡等含咖啡因的飲料。

⑤、喜歡朋友的邀請或邀他人一同進餐，非常重視款待他人、請客或應酬。如果一定要喝酒只要定量即可，否則會容易想睡覺。經常顧慮到情緒是否能夠調理得當，若能保持良好的情緒，則在酒席便會覺得很有樂趣，且事後會再陪同男性到好幾家酒店去喝酒。

【綜合能力的特徵】

①、對熟悉的人態度十分自然，但對陌生人則會怯場且有强烈的害羞感。討厭花枝招展，喜歡樸素的打扮，穿著隨便講求自己舒服就好，所以會給人一種容易接近的感覺。

②、緊張時，態度認真予人好感，但是不緊張且情緒好時則較任性且不作做，行動自由開放。不過對於陌生人往往會因爲緊張過度而一切的行動都會變得較呆板和嚴肅。

③、經常對他人的心理狀態和情感表現耿耿於懷，同時會期待他人對自己也應該如此。

④、感覺到自己的環境與一般社會有一段距離，經常無理由的便束縛自己，而對他人有强烈的警戒心。可是一旦信任對方之後，會不辭辛勞的爲對方服務，在內心中絕無背叛他人的心情，同時行動上絕對不會輕浮，或輕易地與對方妥協，所以會令人覺得難以接近。缺乏社交性，故予人感覺較內向。可是在熟人的面前會顯得十分開朗親切，表現得悠哉悠哉。

⑤、無法很巧妙的對應環境的變化，爲了避免喪失自己所擁有的先入爲主的觀念，會拚

命地想加以維持保護。通常，自己會建立自我生活的模式，且將這種模式視爲生活的規範。所以只要在這種範圍之內，會自己覺得有安心感的場合裡儘量發揮女性特有的魅力。對於表裡，上下和左右之想法的區分，自己能夠很明瞭地加以掌握，區別是非。

⑥、對於某某定義、地名、或個人名稱等的專有名詞，記憶力較弱，但是，在感情方面的問題，尤其是食物、嗜好等方面則記憶力高强，譬如，某某餐廳的菜餚怎麼做，或是某家麵包店的麵包是義大利風味，諸如美味食物等的記憶力特佳。

⑦、對於具體化或現實的事清、鑑賞及觀察力相當敏鋭，但，對於自由的想像力和特別的企劃能力則較不擅長。至於事物的推察能力和理論性的發展層面之力量則稍嫌不足。

對他人內心不表露於外的情感和態度之分析和洞察能力顯然不足，因此，有獨斷的判斷傾向，其行爲較令人感到不安。

⑧、此靈魂性的女性，對他人没有極高的興趣和關心，容易躲避在自己所築的自我天地中。

⑨、喜歡干預各種事物，情緒化且好管閒事，對一切事物都想追根究柢，自己所關心的事會十分動心，可是一旦是自己不在乎的事，則會以漠然的態度來對待。

⑩、妳擁有想要探知他人內心和誠意的興趣。之所以會想如此嘗試可能是認爲人生充滿許多意外，爲確保自己安心感才會有如此的做法。

⑪、不太會緊張，有時會怕麻煩或心情鬱悶陰沈。有關興趣方面的問題只是粗淺的涉獵，不會精研深入。至於工作方面則傾向於找自己有興趣的工作。以盡情遊樂盡情學習爲生活的信條，有封建保守的思想，重家庭關係。在工作或家庭上會有奉獻自己的理想。

⑫、倘若不被他人重視，則內心會有所不滿，自尊心强。例如，喜歡感受被他人尊敬，受大衆歡迎的感覺。

⑬、不太重視金錢的價值觀，較重視感情方面的感覺。非常清楚金錢不過只能滿足人的貪慾心，所以儘量避免對金錢的慾望、而顯露出醜陋之心。在人際關係上相當厭惡有金錢的介入。

【對人或社會性的行動能力】

①、妳對任何事情有想要犧牲自己的情操，以爲這就是自己的人生觀，而認爲自己是非常特殊的。或許這是一種彌補自卑感的補償作用而已。但，他人往往認爲這不過是任性的個人主義罷了。如果自己的犧牲感與使命感結合時，會呈現出非常高尚的人格。不喜歡自己是主角，而喜歡站在觀衆的立場來看待諸事，因爲主演者無法評論，可是觀賞者卻可以加以評論。

②、自己所擁有犧牲的精神，是以對他人的「誠意」形態來表示，可是另一方面也會要

求對方能以某種型態來表示對自己的感謝之心。假設在學生時代開同學會時，自己若沒有當上主辦幹事，即會感到很難過，可是一旦有人邀妳當幹事，會努力犧牲奉獻，使同學會能夠成功，不過向來不會有人提議妳當幹事，最後往往以沈重的態度參加聚會。

③、以為謙虛才是最完美的美德，所以對於太過華麗、豪華絢爛等事物，會感到毫無道德感。認為樸素、認真、客氣等才是美德，而納為自己的人生規範。所以此靈魂性的女性，認為「正直」的倫理比「誠意」的倫理要來得重要。

④、認為如果自己的態度太過神氣或者是傲慢，則會被社會大衆所瞧不起，所以會盡量加以避免。雖然經常會對現實的環境不滿，但其實這種心態實在太不知足，且不可思議的是，唯有在這樣的不滿狀態下，才能產生安定的心理。

⑤、為了逃避將自己的真面目呈現大衆，一切都被看透的恐怖心態，則自己的心情、意志、資產等，絕對不會給他人看見，以謙虛的態度表現，認為他人對自己有所不瞭解的時候，自己才能過更安定的生活。

⑥、當自己內心的好感或誠意不被對方肯定時，對於得不到的反應與回饋，會產生憤怒的心情。不過，由於得不到對方的反應，內心會受到傷害，為了避免這種感覺，仍是會經常對他人表示誠意的。

【實行與行動的特徵】

①、對人生持樂觀的態度，對自己未來的展望也是屬於樂觀主義者。

②、在實行與行動上，只會稍微地加以嘗試，絶不會全力以赴的去做，保守且固執。

③、一旦日常生活上的規律改變，想要恢復是極爲困難的。且規律混亂會產生相當不愉快的感覺。這種不悦並非是因爲生活規律失衡所造成，而是對其無法由自己靈機應變，加以彈性化的恢復之想法感到不悦。

④、樸實、率直、是屬於直腸子的正直者。不過其嚴肅之表情和乖僻的態度，會將此長處隱藏。

⑤、對父母或長輩有所不滿時，絶不會表現，因爲自己是屬於封建性的秩序信奉者，所以經常喪失尊嚴。

⑥、不喜歡拜託他人、愛面子且容易意氣用事。不過喜歡受他人所託。被拜託時，不會即刻完美的完成他人所託之事，而會觀察對方的反應來對應處事。由於怕自己被他人瞧不起，所以警戒心很强，也希望能夠被肯定。應注意由自己本身所散發出來的靈魂性所包含的正直的態度，不被輕易地破壞。

⑦、比較不愛講話，會聆聽人他人的談話，信函文件樸實簡潔。主觀性强、構思和表現

涵蓋著與書法世界相同的感性。

⑧、其嫉妒的對象多半朝向同性，而不會直接對男性表現出嫉妒心。一旦自己所喜歡的男性周圍有許多女性時，則會對個別的女性產生嫉妒。爲克服這種嫉妒的心態，自己會斷然地站在優位，使自己不需要再去嫉妒爲止，且努力挽回那位男性的注意力，增加自己本身的魅力。

和男性甜言蜜語時，妳會說「我的嫉妒心很强，會吃醋的」以威嚇對方。婚後，對丈夫會控制嫉妒性的言語和行動，但是，對於同性仍會產生嫉妒的心態。

【性的特徵】

①、在少女時期對性就產生興趣，亦對異性有意思。其實這並非對性有興趣，而是基於對戀愛世界的嚮往。有時對性會有莫名的害羞感。有關性方面的知識，即使知道很詳細，亦會對他人裝蒜。

②、長大後較開放，對色情的話題基本上不討厭。挺介意在公司內部發展的戀情，喜歡聽別人的戀愛歷程，但不知覺不中，自己的問題也會被他人拿來做談論的對象，因而感到害羞。

認爲男女之間的關係一定包含性，戀愛時會很快肯定性行爲的發展。

③、結婚之後，性生活自然成爲理所當然的行爲。與丈夫的性生活不會受外界風俗性的干涉，所以對性方面態度相當熱情，認爲夫妻之間相愛的深度及持續，與性生活的滿足感成正比例。

【有關疾病和健康的特徵】

有關疾病和健康與個人的隱私生活有很密切的關連，所以不方便在本書中加以記載。若欲知詳細的個人疾病之狀況，將可在前來接受『星魂術鑑定』時，予以明確地說明。

在此所能告知的範圍，就是罹患肝硬化、乳癌、動脈硬化、狹心症等方面的疾病者會比較多。

有關『癌體質』、『壽命』或是其他疾病等方面的問題，請前來接受『星魂術鑑定』。

④『感情女性魂／知覺型、靜閒魂』

三月十七日～四月十六日間出生的女性之誕生月日的靈魂性。

【身體的特徵】

①、舉止高雅、柔和、予人感覺較嚴肅，是屬於穩重的美女型。對人的態度客氣，慎重且誠懇，具有良好的社交能力和處世的技術。

②、是屬於表情溫柔害羞可愛的女性，但，另一方面也能讓人感覺到其內心堅强、有耐性的精神，是位可以信賴的女性。在個性方面是屬於動向脫兔、靜如處子型的女性，如果以書法的角度來評斷，是屬於草書藝術之姿態，尤其是妳的微笑相當具有魅力。

③、在生活上，自己會建立屬於自己的生活規則，如果沒有這套規則，生活便會混亂，所以非常重視生活準則。喜歡輕鬆的散步，不會沈迷於玩樂。在社會性方面，宛如過著他律性的生活一般，由於自己個人的生活，精神活動及心靈層面相當豐富，所以能充分享受感性領域之樂趣。

喜歡進餐時的情調，不喜歡去接待他人，需要和他人一同進餐的場合，多半都是顧及到義禮交情，在不得已的情況下爲之。

④、是屬於會喝酒的女性，但是，在不適合自己個性的場所則絕對不喝酒。妳向來是宴會上的中心人物，且喜歡與男性同席的酒宴，認爲與男性同席可藉由他們來證實自己的魅力。

通常喝酒後，會令妳更容易入睡而進入夢的世界。且往往在聚會之後，會有不少人對妳產生好感，而展開追求行動。

【綜合能力的特徵】

①、遇上問題時，內心的情感容易動搖，複雜且微妙，可是表現於外則是較單純又直接，對任何事都會不厭其煩的去執行。

②、其感情女性魂的本質對他人的好惡相當敏感，具有反骨的精神，不會將自己的主觀想法、意志和情感向他人坦率的表現。對他人的要求，基本上會順應，但是，有時仍稍具反抗的心態，不過基本而言，在行動上多處於被動的姿態，即使偶有叛逆的心態，並不是內心真正想這樣做，而是基於這種反叛心理進而瞧不起他人。

③、外表大方高雅，對任何事都能以寬容的態度去對應，很會察言觀色，觀察力十分敏銳，是所有的『感情女性魂』之中最擅長者，因此，一般人無法由其在他人面前所表現的態

度，使用的語言、說話方式來判斷其內心真正的意思。

④、對社會上的動向，尤其是政治、經濟等方面，有相當濃厚的興趣。也努力追求廣泛的知識與資訊。是非判斷十分敏捷，可是對自己的主觀思想之判斷則不太有自信。不重視抽象性的理論，或太過於牽强的結論及定義，但對具體且現實的現象，則其興趣相當濃厚，對社會上逐一所產生的社會現象，尤其有興趣。

⑤、記憶力和計算能力相當優秀，一切事情都追求實證且强調實際。重視保證和踏實，討厭幻想，虛構和假設。至於實際的存在即使沒有定義和秩序，也覺得相當有魅力，同時對於雜亂的事物有整理歸類的技巧。對於多數的矛盾意見、學說、資料、資訊等，都能加以採納而吸收，成爲自己的知識。

⑥、由於信賴他人會使自己感到踏實的心理及安定感，對廣泛性的知識非常憧憬，喜歡政治、組織、公司、集團等的活動，對組織背景的指導者之實力及地位有相當大的興趣，喜歡與社會大衆有密切接觸之實力者。

⑦、對公共的福址、社會事業、慈善事業、宗教團體、神社、寺院等有强烈的關心。同時關於社會之革新的政治機構與發明創見，也有濃厚的興趣。

⑧、對於一切職業，無論是家庭主婦、公司職員或學業等，都能清楚地與玩樂之事加以區分。至於涉及經濟及金錢方面之事也能與興趣和實際利益加以分離。

認爲玩樂不過只是消遣，必須和工作有所區別。在工作上，相當具有獨創性及前瞻性，能夠仔細地衡量事物，且擁有過人的耐性及恒心，不會被工作以外的人際關係所困惑，是屬於不急躁的正道主義者。認爲感情應該用在生活與遊樂上，而知性是用於工作與人生。

此感情女性魂之傾向是不怕不景氣，但是情況太好或太順利時反而懶散，其原因可能是這種女性屬於希臘神話中的「阿多尼斯（adonis）之葉」的緣故。

⑨、在金錢運用上，一旦結婚之後，會徹底做好預算衡量之準則，且重視開支的細節，討厭無謂的浪費，對於工作方面，子女的教育方面及信仰布施等，則覺得有投資的必要，因此不會吝惜這方面的支出，認爲唯有積極的投資，將來才會有回報的價值感。

【對人或社會性的行動能力】

①、此女性的人生觀可以以一言來表現。

(1)具有『感情女性魂/實行型、陽明魂』的『信念』。

(2)具有『感情女性魂/實行型、靜閒魂』的『忍耐』與『順從』。

(3)具有『感情女性魂/知覺型、陽明魂』的『誠意』。

(4)具有『感情女性魂/知覺型、靜閒魂』的『耐性』。

對於日常生恬的展望，可將家庭主婦的角色與感情方面做適當的調整，在具體的資訊計算、處世能力等表現相當優秀。

②、非常重視社會的連帶性，認爲脫離社會是不正確的，所以不會使自己孤立，努力期使自己成爲社會的一份子。在社會上對任何事情都相當有自信，卻也害怕遭受到社會大衆的批判，不過，對於每個人的指責則不會覺得恐懼。

注重個人的自由程度和倫理（道德論者），可是與社會性的倫理論相較之下，顯然較重視後者，所說是偏重法律性保守的倫理論觀念者。

③、由於擁有強烈的社會性倫理觀，相對地在內心會出現一種反彈心態，而對不道德的行爲產生興趣。即明知是不正常的作爲，仍會爲其誘惑性強烈的不道德與秘密感到心動而想嘗試。但是，爲了要成爲一位賢妻良母，心裡往往會抑制這種誘惑，可是在無法完全排除的情況下，感到悶悶不樂。

④、與他人說話時，不管對方如何，往往只重視自己的意見和主張，而漠視對方的想法，因此，在人際關係方面情況相當不好。不過有時也會視不同的場合而順應對方的意見，不過有時這種贊同的態度並不表示尊敬對方。

⑤、除了在社會上與自己有關之價值觀的地位（諸如主婦、妻子、女性等）相當重視外，對於朋友、同事、鄰居、丈夫及丈夫的朋友、公司職員等，也都會使用有秩序性的階級來表示他們在其心中的價值觀（地位）。此並非不承認對方的人格，但是，此女性之個人的價

值觀（地位），是必須透過社會的價值觀之認同後，才予以肯定的。

因此，妳的家庭，基本上並不是非常容易就能受他人的訪問。

⑥、在家庭關係上相當重視個人化，對小孩的管教上絕不會施以束縛，自由且尊重每個成員，也會有某程度的放縱與溺愛。因爲認爲若未讓小孩盡情地發揮才能，則往後在心理方面必定會產生癥結，所以不僅是有關教育與技藝方面，只要是小孩想做的事，一般都會予以鼓勵。

⑦、處理事情時發現與自己的內心或所擁有的希望雖然產生矛盾，即使自己感覺到有些爲難，仍會視對方（女性）的期待與熱切的希望，無意識下去答應或順從對方。不過，有時會被批評爲不遵守諾言，或是「不曉得在想些什麽」或是「敷衍了事的人」，所以必須特別留意，不要太輕易的便答應人家的要求。

「得魚忘筌」是此感情女性魂的一項本質。相當討厭態度模稜兩可的人，喜歡做事乾脆俐落者。不過往往自己做不到的事，會要求他人一定要做到。

【實行與行動的特徵】

①、對於自己所處的環境絕對不會太快下結論説好或不好，即使遭受到束縛或規制，仍能夠很開朗的享受自由的生活。

②、與他人的交往喜歡採取自由的方式，喜歡對方對妳坦誠，但對自己不會如此嚴厲的要求。非常清楚每個人並非是十全十美的。

③、對於不名譽之事，世俗的批評或是最終的責任要由自己去負責的問題，絕對會閃避，因此對任何事基本上不會太快下決定，否則容易判斷錯誤。

④、不喜歡無關緊要的聊天，譬如在親友面前或母姐會等的場面高談闊論，或是在他人面前强出頭，這些事相當不擅長，即使在表達自己的見解與意見，或是提出結論，作摘要或理論的說明等事件，也會感到相當苦惱而想避開。

⑤、相當清楚有些事可以說，有些事不能說，但有時自制心會混亂，連不該啓口說的話，也會脫口而出，讓對方大爲吃驚，事後又會後悔。

文章的表現能力相當優秀且正確，觀察力敏銳，充分發揮自己優秀的知性。富有幻想力，具作家的才能，喜歡營造華麗的氣氛，以顯現自己獨特的女性風味。

⑥、這種女性魂往往適合從事作家、畫家（西畫或國畫）、音樂家等，在藝術領域裡，有高人一等的卓越素質。同時，具社交能力，在服裝穿著打扮上，亦能展現優美的氣質。

⑦、對友人不太有嫉妒心，因爲能將他人與自己明白的區分，所以不會亂吃醋。認爲嫉妒他人是因爲羨慕他人，因此與其去嫉妒他人，倒不如使自己受他人嫉妒來得較好。如果是男性產生嫉妒心，會十分瞧不起那樣的男人，認爲男性處世應該要正正當當。

【性的特徵】

①、這種女性魂對性的概念，分成結婚後與單身二種，且兩者有極大的差距。結婚時，會扮演順從丈夫的賢妻角色，在性生活方面，對丈夫的要求不會持什麼意見，認為性生活一定會慢慢的淡化，且對性生活方面較保守，不喜歡過於積極。

但如果是單身女性，則對性關係則持開放的態度，且認為與男性的關係不可能長久維持，所以會頻繁結交新的男友，尤其在尚未找到合適的男性之前，自我心中的性概念是不可能有確固的倫理觀。

【有關疾病和健康的特徵】

有關疾病和健康，與個人的隱私生活有很密切的關連，所以不方便在本書中加以記載。若欲知詳細的個人疾病之狀況，將可在前來接受『星魂術鑑定』時，予以明確地說明。

在此所能告知的範圍就是有關罹患腎不全、低血壓、肝硬化等方面的疾病者會比較多。有關『癌體質』、『壽命』或是其他疾病等方面的問題，請前來接受『星魂術鑑定』。

⑤「實行女性魂／感情型、陽明魂」

四月十七日～五月十六日間出生的女性之誕生月日的靈魂性。

【身體的特徵】

①、皮膚白皙、光滑且端莊的美貌易引起他人的注目，常有陷入沈思的表情，表現出敏銳感性及魅力，相當具有關懷心，是該女性魂的特質。

有時具有童稚的臉孔，表情柔和，予人安全感。但是動作敏捷且急性子。

②、在大型的宴會場合中，若看見遠方有位男士的視線落在自己身上，則會產生彷彿被追求的錯覺，而感到害羞和尷尬，卻無法抑制自己有這種念頭。聲音很情緒性，其實並非主動去特意吸引男性的注意，只是男性對有魅力的女性，自然會注視，在一般的場合中，妳是相當引人注目的。

③、即使身體狀況不佳，也會努力的工作，如果自己本身沒有那樣的意志力，身體自然也會主動去執行。感性強烈，有強韌的意志和纖細的神經。

④、喜歡明確的判斷和清晰的分析狀況，以避免發生錯誤，此乃具纖細的神經之故。

⑤、認爲用餐就用餐，談話就談話，絶不可以混爲一談。可是在喝酒時不會只是一味地喝酒。喜歡在安靜高雅的場所進餐及參加酒席，妳高雅的氣質，往往能夠營造出該場合中的氣氛。

【綜合能力的特徵】

①、隨和、親切又很敏捷，一切事情都能靈活的辦妥，很有禮貌，對事物的決斷力快、果決。具實踐的行動力，不論何事都會有想要嘗試的想法，一定要親自實踐後才會相信，討厭抽象、虛構的事物。

②、處事周詳謹愼，可是往往因爲太早下結論而缺乏綜合性之視野，往往會對重視整體或微妙之細節感到相當困惑。

③、思想開放，人生觀屬於樂天派，態度活潑，是屬於素質與視覺具有藝術性的現實主義者，因此難以將樂觀性與現實主義之兩面加以結合，於是遂成爲愼重細心，且小心翼翼的現實主義者。

所追求的理想，便是在無論自己處於何種狀態，都能夠確保自己的安全。

④、由於懦弱的個性，容易造成不安的狀態。至於懶散、怠惰、隨便、膽怯、妥協、白卑感、或人際關係上的屈辱及輕蔑等，都會即刻以實際的行動加以排除或克服，且非常腳踏

實地的去確認自己生活上的安全性。

⑤、努力做自我的肯定，一切事物都不會顯露自己的弱點，而以冥頑的力量去挑戰反抗錯誤的地方。

⑥、雖人情味濃厚，可是其基本上是站在自己佔優位的立場去發揮的。如果自己的生活低落，則無法對他人有人情味。討厭被支配的組織或不得不服從的狀況，認爲理想的人際關係應該是建立在互相評價、尊敬及信賴上的。

⑦、欲完成某件事情時，會反覆努力，不辭辛勞的去執行。對於較複雜的問題，喜歡嘗試各種方法去解決，所以有時會過於鑽牛角尖，而造成事倍功半之反效果。

⑧、認爲實用及獲得實益才是最高的價值，且覺得嗜好應該要兼顧實益性。不認同生活過於浪費或做無益的事，相當重視時間，認爲如此才是誠實的態度，所以一旦他人不守時，就會懷疑對方的人格，總之，非常重視守時的觀念。

非常重視實用且具利益價值的金錢，甚至有高估金錢的價值觀之傾向。不過對於富有的對象，妳往往會呈現兩極化的反應；即不是尊敬對方，便是輕蔑對方。當自己的經濟情況相當穩定時，這種在精神上對金錢觀念的動搖情況便不會發生，所以金錢上的安定，會使妳的精神層面也能穩定。

【對人或社會性的行動能力】

①、對於書籍上一些虛構的非現實性的歐洲僞善的故事，及會令人臉紅的美國戀愛故事，往往會使妳覺得很尷尬。妳並不重視那些脫離現實性的故事，而以自己的家庭或是親朋好友爲活動的重點，有時甚至會注入異常程度的關愛，而覺得奉獻自己才是最有意義的事。由於基本上肯爲周遭人犧牲的性格，因此會對這些人投入豐富的感情，甚至於意氣用事。

②、有扶弱挫强的倫理觀。認爲懦弱者才會遭受挫折，真正的强者決不輕言服輸，爲使自己本身不受到挫折會加倍地努力，具有不辭勞苦的毅力。

③、認爲自己在人群之中必須具備實力，對任何事情都能如以完成。由於如此，喜歡被他人依靠且熱心去討好他人。所以，一旦有人否定自己的存在感或遭受到反論、反駁、忽視時，會徹底地加以反抗；即當自己認爲是對的想法，卻遭受到他人的反駁時，心中會萌生對立的感情。

④、喜歡他人的讚美，對自己喜歡的人會特別溺愛。在感情方面相當脆弱。本質上是屬於對他人都懷有好意且會照顧他人者。可是一旦遭受到背叛時，會產生「愛得深也恨得深」的心態。有害羞及小心翼翼的特質，其靈魂性具有女性風味的魅力，可是和感情女性魂不同的是，亦重人情義理。

⑤、非常不認同他人對妳的謙讓或是妥協自己去討好別人的事情，且無法理解爲了要堅持自己的主張所引起的不條理的事情，不喜歡順著主流而偏愛反主流。

【實行與行動的特徵】

①、做事坦誠，守規則，由於如此，當處於善惡的判斷時，其判斷力既正確又敏銳，具理論性而不會感情用事，所以必須有充裕的時間加以反覆斟酌。對於太過急促，隨便的下判斷，基本是相當討厭的。

②、對自己所處的環境的變化非常敏銳。一旦環境呈有利的變化，則會十分欣喜；一旦呈現不利的轉變，就會感到失望和沮喪。然而現實是十分殘酷的，爲了要產生克服的勇氣，則必須時時保持樂觀的態度。對於未知之現實上的難題，妳往往會有莫名的緊張感。

③、內心無法從容不迫地去觀察有關自己所處的環境的變動，一旦發生問題，會太過獨斷地判斷，且有操之過急地想找對策的傾向。不過基本上，對環境或事物能予以正確的觀察，但偶而亦有失誤。當第三者的抵抗力强時，會以同樣的態度回報，而不會有彈性地加以對應。

④、比較不會考慮到自己所說的話，有可能會被他人所反駁，喜歡出鋒頭，對隱藏在內部的自己及無法預測和掌握的未來，比較不會關心和在乎。由於天性樂觀，不擅長於分析人

情世故，所以對他人所表現的言語或自己所見到的狀況，即使是奉承阿諛的社交手腕，也會全盤地加以坦誠的接受。

這樣的女性魂，認爲清清楚楚的表明者才是親切的人。由於本性較正直老實，所以較不瞭解社會上一些含糊的交際手腕。

⑤、由於心中認爲含糊的表現是爲了要逃避現實，而不能清楚明白的表達是缺乏勇氣的態度，所以總是以簡明且正中標的表現方法來對應他人。由於妳有想什麼便說什麼的個性，所以常會被誤認爲說話太直接刺耳的傾向。

⑥、由於注重單純明快的表現，所以往往會因爲過急而有說明不足的狀況。喜歡滔滔不絕且單刀直入的說話方式，因此無法理解迂迴繞道、拐彎抹角的含蓄說法。

⑦、不太會產生嫉妒之心，認爲嫉妒他人有些無聊，一旦產生嫉妒心，則會很快就忘記，即使是日常生活中有重要的事情，也容易疏忽，更遑論嫉妒心了。

【性的特徵】

①、對性方面的問題會關心且以嚴肅的態度視之。由於身爲人母時會持以嚴肅的觀念，故亦會傳達此概念予自己的孩子。至於孩子方面，由於在『星魂術鑑定』上，尚無詳細的鑑定，故無法貿然斷言，不過孩子們對性方面的問題，亦會持嚴肅的觀念的，所以不會引起該

方面的問題。認爲夫妻間的性生活是一種義務，因此，對性的慾望、快樂或熱情方面，顯得比較淡薄。

在此方面一切順其自然，對他人或其他夫妻的性生活沒有多大的興趣，且對這方面的問題，往往持以理性的態度視之。

【有關疾病或健康的特徵】

有關疾病或健康，與個人的穩私生活有很密切的關連，所以不方便在本書中加以記載。若欲知詳細的個人疾病之狀況，將可在前來接受『星魂術鑑定』時，予以明確地說明。

在此所能告知的範圍，就是有關罹患風濕、低血壓、直腸炎、胃炎等疾病者會比較多。

有關『癌體質』、『壽命』，或是其他疾病等問題，請前來接受『星魂鑑定』。

⑥『實行女性魂／感情型・靜閒魂』

五月十七日～六月十四日間出生的女性之誕生月日的靈魂性

【身體的特徵】

①、明朗有潔癖，容易動肝火，有非常純潔的一面，但也擁有千金小姐的任性及乾脆的個性，毫不做作。對服裝方面不太關心，自然的清潔感給人深刻的印象。

②、從少女期至中年這段時期，脾氣較暴躁且性急、莽撞，但往後會轉變爲行動敏捷的性格。身體對各種感覺相當敏銳，反應快，情緒變化大，一旦興致高昂會有想將事物一氣呵成的衝動，可是在努力之後，會顯得無精打采，倘若沒有休息一陣子則無法恢復體力。由於很會鬧情緒，所以當一開始做事時若氣氛不佳，一切將無法順利完成，而影響完成的效率。

③、雖屬於實行女性魂，可是卻擁有靜閒魂的特質，所以不似陽明魂那樣喜歡活動。有時他人在活動時，自己會沒有惡意地裝成若無其事的樣子，在一旁觀察他人的動作。

這並非是精神方面的影響，而是肉體上較懶散，不論做什麼事情，其機動性較弱。可是一旦自己有興趣，而開始活動時，倘若沒有完成是不會停止的。但本質上不會像陽明魂那樣勤快的。

④、非常在意食物的新鮮度，在品質方面也很重視。是美食主義者，希望能夠詳細了解烹調的方法。身體需要大量的水分，一旦缺水便會顯得疲累，無論是飲用茶、水皆可，只要能夠適當地保持水分便可。

⑤、由於體質的問題，內臟較他人虛弱，所以不宜也不會喝酒。可是一旦會喝酒則酒量相當好，且飲酒時間可以維持很長。由於精神層面的影響，酒喝多了會呈現喜歡抬槓或是獨自一人興高采烈話說不停的現象。

【綜合能力的特徵】

①、直覺力和第六感很敏銳，雖然較急性子，但是富有觀察力。對任何事情都很敏感，行動十分敏捷，下結論非常乾淨俐落。不過，如果第六感猜測錯誤，則會無限制的耗費熱能與體力，因而產生精神上的焦躁感，自己束縛自己，導致陷入精神官能症的傾向。

②、做任何事情無法做縝密的思考，所以為想獲得完美的成果會反覆地行動，故比較遲緩，也不會反覆去追求結論性的效果。對於複雜的問題，或是對理論性的分析與思慮太過單純，不會深入探究。不過仍具有哲學性的想法及敏捷的直覺力，故是一位具有神秘主義特質的女性。

③、表面上對任何事的視野彷彿很遠大，其實內在的想法是很狹隘的。有豐富的感性，對藝術的感覺很敏銳，在沒有特定限制的領域裡，如音樂、文學方面都相當有素養，可是聲樂方面的實技便不太內行。

有關運動神經方面，這裡暫且不談，至於評論的才能確實比技術性的才能來得優異。在評論的領域裡，對批判性的語言運用自如，往往自己的實際經驗作爲評論的基礎，所以在該範疇的表現相當有自信。

④、基本上，會十分乾脆的完成每一件事情，但偶而也有拖拉的傾向。因爲過於重視自我，所以希望他人能配合自己，有時會因此使事情陷入膠著的狀態。由於其是屬於靜閒魂的特質，所以崇拜自然而排斥人工。

⑤、如果碰上模稜兩可的對象，往往會以黑和白的心態來對立兩者加以判斷，絕不會使自己陷入困境而迷失自我。一旦經過思考下決定後，就不會拖泥帶水。對應事物或他人十分慎重且警戒，但由於如此容易造成行事上的阻礙和麻煩。

⑥、外觀看起來十分堅强膽大，可是實際上卻小心翼翼。自我意識强烈，對自己的存在相當有自信，凡事遵守秩序且具有封建性的思想。尊重支配及統制，不僅要求自己，也要求他人要嚴格遵守規律和制度。

具人情味且以此來處理人際關係，可是以自己爲主的問題，就不會那麼講求人情了。

⑦、對於思考性質的想法或是合理性的行爲，會採取相當積極的實行力。由於度量大且勇敢果決，故予人的感覺較衝動。

⑧、對金錢的運用，徹底排除浪費的作風和心態，在使用方面十分嚴格，不會受虛榮心或情緒性的作祟所影響，經常有儲蓄的念頭，將「賺錢」與「儲蓄」分得很清楚，對一切的借貸問題都儘量避免。

對於他人的浪費視若無睹，即使自己的私房錢相當多，也會同他人說「我没什麼錢啦」。至於對私房錢運用有兩種想法，一種是絕對不會動用的寧願欺騙自己說我没有這筆錢的想法，另一種則是可以加以運用。

【對人或社會性的行動能力】

①、人生觀相當具有哲學性，崇拜合理主義。對自己的人生有幫助的人物，絕不會斷絕與其來往，且經常和他保持良好的人際關係。雖是合理主義者，但這種女性魂的人不會任意地單方面加以作決定。本來處世術便不太高明，即使有合理性的態度與想法，也會怕因採取太過合理化的行動而招致失敗。

②、對於正、邪、善、惡等道德性的規劃與標準，並非依感情來作判斷，而是依社會的規範，法律的規約來辨認，基本上是屬於重視規則條律的人。

不會因爲人情問題，對人的行爲善惡判斷錯誤。外表上看起來作風非常乾脆，但有時在漠視人情的狀況下，會表現出冷漠的態度，因此基本上是不講求人情而偏重義理。

③、不喜歡和他人之間有借貸的關係，喜歡當場就將金錢問題解決。做事乾淨俐落，不喜歡拖泥帶水。雖義理重於人情，但也會儘量避免產生太多的義理上的關係。

④、在生活上會將陰陽兩面，或是外表與虛榮等加以清楚的區別，不喜歡將自己的內心在他人面前表露，慎重的採取行動。由於如此，易感到害羞而不會主動邀請他人到自己家中，但對於熟稔之人則不會太過拘束，不過仍是不太歡迎他人至自己的家中，而喜歡主動去找別人。

⑤、對他人所引起的問題，一旦超越忍耐的限度之後，便會爆發壓抑的情感，且彷彿與自己過不去一般，開始有衝動的行爲。雖自制心强，可是一旦自尊心崩潰之後，性格上的價值感也會隨之崩潰，不過只要經過一段時間，即會恢復耐力及自尊心，態度也隨之冷靜。這種心理轉變的過程可說十分特殊。

⑥、對於社交上之形式性的禮儀及寒暄問候感到十分麻煩，雖然懂得禮儀，但覺得太過形式化的禮儀，反而令人覺得尷尬，所以一切以開朗的方式來對應各種場合。當自己的禮節不得體時，會默默地在一旁觀察對方的反應而加以判斷。爲了緩和場合的氣氛，會說奇特的流行語以增加樂趣。

⑦、一般的女性往往想要拉攏更多的人在自己的周圍，可是這種女性魂將敵人和友人分得很清楚，雖然如此，仍能獲得許多人的青睞。在教育方面，十分嚴格絶不敷衍，因爲其非常清楚人的涵養容易流露在日常生活中。

⑧、對於自己所處的立場有敏銳的直覺力，很會順應情勢上的變化，同時也擅長解決對自己不利的狀態，能夠迅速地掌握對應的對策，巧妙地下定結論。

能夠迅速地判斷在什麼場合應該要採取什麼樣的態度，這種女性魂最大的特徵即是能夠依自己的努力，在不同的場合中，也能營造出完美的氣氛，而令人讚賞。

【實行和行動的特徵】

①、對環境的變化富有洞察力，做任何事都有勇往直前的衝動，遇到危險時，也能夠敏銳地加以閃避。出發比較遲緩，且一旦眼前遭遇到問題時，無法解決便不能做其他的事情。只要下定決心想做之事，不論好壞都會去實行，這是因爲事前無周詳之計劃所造成的，如果無法順利去推行時，會自我反省，在困惑中重新評估思考，所以其並非如外表那樣能以乾脆的心情去下決斷。

②、不喜歡時間上太過充裕的計劃，認爲那是一種浪費時間的行爲，是屬於喜歡有效地運用時間者。因此，經常與其他女性魂的意見、見解有所對立。不過，其具有其他女性魂所

缺乏的直覺力與敏銳感，所以其行爲與態度往往無法令他人理解。

③、不擅長含蓄的判斷或從容不迫地處理事情，行事衝動，雖做事明確但態度極端，且有時會有模稜兩可的傾向，故使他人敬而遠之。

④、不喜歡將自己的心理，想法及意圖表現於外，因此，除了以直覺性的判斷去揣測她的真意之外，別無他法。這種女性魂的行爲和言語之中，往往會隱藏令人意想不到的真意。討厭在囉嗦冗長的談話之後才下結論，喜歡單刀直入地迅速獲知結果。

⑤、因爲行爲屬於單刀直入且表現力强，所以說話的口氣較不客氣。因擁有評論家的素質，所以在批評時少有讚美而多指責，然此完全無惡意，其認爲基於自己的精神層面上若能夠坦率地批評，則心態上會比較健康。會清楚表達自己想說的話，聲音高且尖銳，說話很有份量，在他人的話尚未說完時，會突然插嘴表達自己的意見。

⑥、對感情上的問題及自己感覺焦躁時，喜歡用正確的言語來表現，認爲其比用態度或行動來表現來得容易。

⑦、這種女性魂的嫉妒心態，與其說是嫉妒，寧可說是「羨慕」，即使產生嫉妒的情感，也會以開朗的態度來表現，所以不會使他人生厭。如果是和男性之間產生變愛的問題而引起嫉妒的心態，則會對自己的嫉妒行爲感到十分悲哀，有時會因爲太過於强烈的嫉妒心，而採取令人意想不到的舉動。在戀愛中，如果對方讓妳產生嫉妒心時，妳會因無奈的心情而想

與他分手。

【性的特徵】

①、自少女時代開始，即對事物的好惡心態會明顯的表現，因此對於不能表面化的話題，或是有關性方面的問題，則沒有多大的興趣。且內心認爲性的問題太過複雜而無法下結論。雖不敢向他人表示，可是擁有興趣及神秘感雙方面的矛盾。

②、有關性方面的資訊之獲得時多時少，綜合自己對性知識的認知，認爲男女之間的戀愛就會產生性的關係。此女性魂的個性因人而異，同時性體驗較早與較慢的人之間的差距很極端，此乃這種女性魂最大的特徵。經驗較早者差不多在十五、十六歲時就可能有性體驗了。

③、有人說這種女性在結婚前毫無性體驗者幾乎沒有，不過大體而言，應是分爲結婚時才有第一次性經驗，和戀愛次數很多且每次都有性經驗者。通常，戀愛的次數多自然性的體驗就會增加，有關對性方面的執著，年輕時較不會有。

尚未結婚的女性會有好幾次的戀愛經驗，且在過程中會掌握男性對於性方面的執著心和意志，因此，關於性的關係就比較不會產生罪惡感。可是不論性體驗豐不豐富，也必須儘快進入婚姻生活，否則在精神上的結合感便會淡化，而會產生是因爲肉體上的結合，才能使戀愛穩定的想法，因此，容易使關係破裂。雖然因戀愛關係產生變化而分手會令人感到難過，但由於其個性乾脆且開朗，所以不會爲這種結局維持長時間的哀傷與惋惜。

【有關疾病與健康的特徵】

有關疾病或健康，與個人的隱私生活有很密切的關連，所以不方便在本書中加以記載。若欲知詳細的個人疾病之狀況，將可在前來接受『星魂術鑑定』時，予以明確地說明。

在此所能告知的範圍，就是有關罹患肝炎、子宮肌腫、糖尿病、腎炎及痔瘡等方面的疾患會比較多。

有關『癌體質』、『壽命』，或是其他疾病等問題，請前來接受『星魂術鑑定』。

⑦實行女性魂／知覺型、陽明魂』

六月十五日～七月十四日間出生的女性之誕生月日的靈魂性。

【身體的特徵】

①、婀娜多姿，無論在任何場合裡舉止美麗大方，臉蛋多呈方型或長型，體態豐盈而有魅力，舉止毫不修飾。文靜且優雅，即使是長時間的緊張，身體上對這種緊張感也毫不在乎。不會因爲容貌美麗而感到自傲，甚至肉體上的勞動也不會有絲毫的厭煩。

②、少女時期體質較虛弱，不過只要多運動便可促進健康。其經常會抱怨情緒混亂不安定，但是本人看起來卻絲毫沒有這種情緒上的徵兆。

做事乾脆率直，不會刻意地採取低姿態去討好他人，由於如此，雖本人沒有惡意，但是全被視爲傲慢、冷淡、漠不關心的女性。

③、是屬於不會喝酒的女性，但令人感覺好像是很會喝酒的女性。不過，會喝酒者酒量很好，而令人困擾的是一旦喝酒至某種程度之後，會變得十分熱情，完全不會有所顧忌，且堅持地執著於自己的意見等之酒癖出現。一般而論，在宴會的場合中，便宛如女老闆一般地

對應男性，成爲宴會中的主要人物。

【綜合能力的特徵】

①、自己十分清楚自己開放的個性，會將自己的內心和感情坦率地表現。對於知性方面相當有統制性及系統化，所以予人的感覺是個獨立心强、不會依賴他人的女性。其認爲自己的行動和努力，在社會中或是所處的環境，都有其必要性之存在價值。

②、是典型的合理主義者，採取行動時不會感情用事，凡事强調合理性與必要性。且在人際關係方面，認爲必須在必要性及合理性的前提之下，社會才能圓滑的推行各種事物。不過，對此觀點不認同者，則會認爲其太過於個人主義了。可是彼此認同者，則會相互地尊重。雖不會依賴他人，但是缺乏感情上的關懷。

在任何場合舉止都十分坦蕩、率直，絕不會奉承他人或是逃避現實。認爲處世最重要的態度，便是自己對自己要有自信地往前邁進。

③、有關自己要負責的問題，無論在職業上或是身爲家庭主婦，都會認真盡職。只要有必要性的事物，都會擁有强烈的興趣及關心，且加以改善、改革、更新。對物理性的問題比對人的心理有興趣。一般而言，女性都會害怕有關電氣方面的用品，可是妳卻可以處理得當。

④、至於金錢方面，很有理性地將必要的狀態和浪費的狀態加以區分，在金錢的運用上

不會介入感情，所以在個人的金錢使用上不會產生問題，可是對他人便不太能有效地使用金錢，此乃一大缺點。

【對人或社會性的行動能力】

①、將他人與自己明確地區分，絕不會干涉他人，同時自己也相當討厭別人的干涉。認爲努力是最重要的，唯有努力才能夠獲得成功，而失敗必定因懶惰或不努力所造成。

不相信命運或偶然的機運，不過對自己本身所存在的不安感和疾病，則堅信是源於命運或宿命性的因果所致。會在合理化的概念下設定自己的人生，但也相信所謂的奇蹟，且認爲凡事秉持信念與精神便能達成。

②、以努力不懈作爲開發人生之前提，不過也知道即使是努力也有可能失敗或招致霉運，因此，除了放開胸懷之外，別無他法。但是，會將失敗的原因歸於精神層面，而非行動上之失誤。

相信人的存在，即自己的存在，是一種不可思議的緣份。認爲凡事皆有善惡之存在，人一旦在精神層面較空虛時，就容易被惡所誤導、誘惑。通常，善會表面化，而惡會加以隱藏，由於愛所引起的憎恨、嫉妒、悲哀、恐懼等人類情感之起伏是無法避免的，所以應該依賴精神上的努力，儘量去克服這些困惑的狀況或加以隱藏。

③、對於權勢具有反彈抗拒的心理，否定一切不加努力便垂手可得的權力。假使已經結婚，而丈夫在職業上的努力不被肯定，則會對丈夫所處之公司機構的價值產生懷疑。

雖是屬於不干涉主義，但若遇到以上的狀況時，則會產生反抗的心理。

④、相信且關心自己所看見的，對加以隱藏不易發現或不容易理解的事，則顯得冷淡漠不關心。對傳統性、慣性的事物及存在於社會內面，無法加以定義的微妙之人的心態，不想深入去探索，即使是人情也是如此。

⑤、對自己所關心的事，即使不是很重要，也會努力地認真去對應，而覺得與自己本身會產生關係的事情容易執著，絕不忽視。

無論是在學生時代，或是踏入社會、或是結婚成爲家庭主婦，都是屬於一言居士（對任何事情，倘若没有發表一下自己的意見則不會滿足）的評論精神者。認爲他人若是太過簡單容易的去處理社會上或是個人的問題，是一種相當不負責任的行爲。

⑥、會以妻子的立場要求丈夫支持自己的理念，認爲夫妻之間若没有共同的話題，經常營造談話的環境，具有同等的教養程度，則實際的夫妻生活便無法成立。

由於本身很努力，所以不會顯現出柔弱的態度，同時也能夠了解每個人都有卑劣、慾望、貪心等不太喜歡被他人發現的部份。在孩子的教育方面，認爲應揚棄嚴厲的斯巴達教育，如此才能培養孩子具有完整的人格。且相信人生並不如他人所說的一般，是甜美和單純。

⑦、是屬於個性嚴格的女性魂，此多半是因爲個性較坦白率直所致。對藝術的領域相當有理解力，但是，對於如描繪茶壺這樣的靜物寫生，並沒有太大的興趣，而偏好大自然、動物等方面之素描，認爲藝術性是基於片斷的感性。

⑧、對妳而言，處理人際關係是相當麻煩的，因此採取不干涉主義作爲逃避的一種方式。在妳的靈魂性中，認爲「人心是很難對應的」，同時也認爲「應付他人是相當困難的」。

【實行與行動的特徵】

①、妳對於自己是妻子、家庭主婦、母親等因外在環境所造成的不同立場，並不會相當執著，且對戀人、丈夫、孩子等也沒有幻想性的期待。認爲應該努力開拓自己所處的環境。

對任何事不擅長精打細算或是發揮靈感，凡事均依自己的經驗，被實證過的事物或是基於必要性的範疇內，才會以合理的方式去對應。

②、對自己的存在不會存有幻想或期待感，往往依自己的努力或才能腳踏實地的去執行生活的方針，也由於如此，容易被誤解爲缺乏從容寬裕之心和自由性，而導致予人太懦弱的印象。因個性率直，所以凡事有急切想獲知結果的傾向，而且只重視實際表現的結果，因此容易陷入他人的奉承或誘惑之陷阱。

除非在妳所處的環境中產生十分倒霉的狀態，否則行事的直線指向絕對不會有所改變。

因爲妳是具有人格的女性，對一切事物都能以較開朗的觀念去面對，所以會被認爲是位勤勉且守規矩的女性。

③、妳說話的口氣有獨斷且主張結論的傾向，急性子，沒有高明的說話技巧，不會仔細地顧慮對方的感情，因此往往以單刀直入的表現方法，毫無忌諱地表達自己的看法，這種女性魂的「思維」、「態度」和「表現」向來都是呈一直線的。

④、由於自己本身相當重視合理主義，因此也會尊重他人的合理性，可是不會受他人合理性的影響。對他人的態度通常親切又認真，所以會令人產生好感。

⑤、通常女性的嫉妒心都比較强，可是這種女性魂則比較弱，因其認爲之所以會產生嫉妒，是由於自己是弱者或敗者所以產生的心態，因而不喜歡自己有嫉妒心。一旦發現自己有嫉妒心時，會認爲自己太沒出息而覺得不應該。

【性的特徵】

①、少女時代便開始關心性的問題，可是絕對不會表現出自己的關心，對這方面的問題會儘量的逃避。因其有潔癖的心態，所以每次的戀愛都彷彿像雪即將開始溶解一般地慢慢溶化，而萌生愛情，且自己本身不原諒自己擁有性的意識，認爲理想的戀愛是以純潔的愛情爲基礎，所以和男性交往時，一旦察覺會產生性方面的問題時，則會努力加以迴避。

②、踏入社會後，這種態度仍是十分堅定，因此一般男性都會敬而遠之，所以難有戀愛的機會。覺得戀愛結婚或是相親結婚都差不多，不過相信結婚後會影響女人的一生，在尚未確定夫妻間的人生計畫時，絕對不會貿然地結婚。即使結婚後關於性的快樂、快感等也不會有追求的慾望，因此，丈夫會覺得妳過於冷淡。

③、由於堅持合理主義，所以當丈夫發生外遇時不會太過著急，認爲外遇是男性的習性，且是身爲妻子者的努力及魅力不夠才會造成。如果確定自己產生嫉妒心態，會認爲這是因爲深愛著丈夫才會產生的情感，當發現自己心中有了這種女性的可愛心態時，會有不敢告訴他人的驚訝感。

【有關疾病或健康的特徵】

有關疾病或健康，與個人的隱私生活有很密切的關連，所以不方便在本書中加以記載。欲知詳細的個人疾病之狀況，將可在前來接受『星魂術鑑定』時，予以明確地說明。

在此所能告知的範圍，就是有關罹患腦中風、精神病、慢性胃炎及十二指腸潰瘍等方面的疾病患者會比較多。

有關『癌體質』、『壽命』，或是其他疾病等方面的問題，請前來接受『星魂術鑑定』。

⑧「實行女性魂/知覺型、靜閒魂」

七月十五日～八月十四日間出生的女性之誕生月日的靈魂性。

【身體的特徵】

①、行爲端莊，做事一定會考慮自己的態度及穿著。由於自身所散發出貴族的風貌和裝扮合宜，因此在溫柔敦厚的表情之中，將敏銳及纖細的特質發揮得淋漓盡致。以不會喪失理性的緊張感來包裝自己，態度溫和絕不會刺激對方，凡事顧慮周詳。由於缺乏感情性，所以遇事能夠分析透徹且冷靜地應對。太過重視禮儀，所以外表看起來並不是那麼地和靄可親。

②、幼時極守規矩，早熟多慮，對任何事情都極神經質且敏感，行爲較爲孤僻。雖不是專門性的深入研究，但是好運動，認爲運動會使精神及身體層面達到最好的狀態，所以是屬於運動愛好者。

③、由於是屬於靜閒魂，所以很難一直持續緊張的感覺，一旦過於緊張會開始感到焦躁。由於個性敏銳，所以對愉快或不愉快的事情好惡很明顯。非常關心自己的體力問題，即使在身體不舒服時也會有努力向極限挑戰的意願。

④、這種女性魂很少會喝酒，可說完全沒有嗜酒如命的女性。可是喜歡宴席的氣氛，而不喜歡小餐館的場所，在豪華的酒宴中，即使不會喝酒也會嚐試稍啜幾口雞尾酒來滿足自己的喜好。

【綜合能力的特徵】

①、不該對方產生心理上的負擔與關懷客氣的態度，給人極大的好感。心細地注意對方的心態，在社交的場合內讓人感到親切，且態度誠懇，可說是極會掌握他人心態，對應場合之氣氛的社交要領。但有時脾氣暴躁、情緒變化過於激烈，對他人警戒心強，反而會引起對方也對妳產生警戒心。

②、自我意識高，凡事易太快下結論，對對方的反應過於敏感。一般而論，討厭接觸他人，不會積極向他人敞開心扉，亦不會坦誠地對待他人，由於受到這種心態的影響，才會導致禮貌周到的端正態度。

③、視覺强烈，對設計及色彩有强烈興趣和關心，富有設計能力和構想力，在專門性的技術方面也頗有興趣。善於協調，雖心理上有些孤僻，可是在行動上具有很廣泛的社會協調性。在特別的領域中，活躍程度高人一等的女性相當多。

④、對於哲學方面的問題，諸如思考、抽象理論、觀念性等的思索，不會有很深入的興

趣，但是對於在自己所處的環境中所必需的計算，或物質的數量等則相當有興趣，即對實用性的事物較感興趣。同時，對於神秘的現象、信仰的世界和內心的動態等，也擁有與生俱來的素養。

⑤、對集會、團體、組織相當地關心，也尊重他人的人格。重視才能、物品的價值或感性，對權力、統制等的社會結構也很感興趣，喜歡神秘的自然界現象所造成的世界，且擁有積極挑戰有關連性的事物之態度。

⑥、以必要性及合理性做爲生活的基準。同時對優越的人物有强烈的價值感。重視社會的傳統制度及傳統的價值觀，此乃由於其價值觀認爲傳統即代表安定之因，此感覺爲靜閒魂的最大特徵，不會似陽明魂那樣勇於嘗試改革傳統的制度。

此女性魂不僅喜歡傳統，也喜歡高級及流行的事物。喜歡將不同性質的領域巧妙地運用在生活中，同時努力實行及培養教養與知性。非常喜歡傳統式的神寺佛閣之建造物、全部用檜木建造的純和式住屋及庭園，但另一方面也很喜歡歐洲的洛可可式之纖細華麗式樣。

⑦、發現他人與自己有共通點時，會和對方談及藝術、音樂、雕刻等領域的話題。將對於一切事物的價值觀及意見之交換，視爲提高自己所擁有的感性與水準，同時也確認互相擁有的價值感。

⑧、具備指導社會中所存在的團體、集團或社團等的領導能力。之所以會予人强烈的印

象並非依威嚇他人而來，而是在冷靜及理性的華麗舉止中，使他人同意將自己的地位委權於妳。可是對於個人方面的問題，在諮談時無法對太過複雜的人際關係，立刻下決斷或提出竟見。

⑨、對任何事情妳會徹底地追求方便和實用性，最討厭他人以迂迴繞道，或是模稜兩可的說話方式同妳說話。對金錢的執著心很淡，不會露骨地表現在日常的生活行動中，可是知道在社會上或是人際關係中，金錢的效用與耗費唇舌更有效，對這種凡事均會涉及到金錢的介入之現象感到遺憾，而且有潔癖習性的妳，非常討厭辦事情沒有原則。

【對人、社會性的行動能力】

①、認爲人生不是那麼單純地，是生存競爭的場合。爲了保持人生處於優位，此實行女性魂認爲努力是絕對不可或缺的條件，再加上人的知性能力及目前價值的活用，才能夠創造人生。認爲倘若一直被過去或是未來的事所約束，則目前的自我絕對沒有辦法活躍伸展。

②、不太會順應社會，故由某個角度來看，自己是被孤立的。認爲自己的骨肉或是兄弟姐妹才是與自己相同，而夫妻或友人只是在互相協助、進行事物時才相互結合。會區分敵友，好意或惡意及利害關係，同時絕對不會表露出對他人的緊張感和警戒心，只將這種念頭隱藏於內心。

③、在人際關係上討厭去摸索他人的心理，但在情非得已的狀況下會採取一般論來思考。不太重視他人的才能或是素質，認爲一切事物終將受環境的影響。覺得人最重要的是教育，屬於常識派者。不喜歡只藉著探索他人的內心便貿然下錯誤的判斷，唯有自己能加以確認之事實才是最安全的，覺得一味地詮索太麻煩了。

④、對人生的基本想法，認爲女性在四十歲時便要完成自己的理想，希望自己的人生觀比他人樂觀，而人格能夠超越他人。

⑤、有關社會的規約及人與人之間的協助是妳倫理觀的基盤。妳希望能夠意識到自己對社會的貢獻及他人需要妳幫助的自我存在感，且認爲這便是最重要的倫理及道德。不喜歡帶給他人不悦和讓對方感到心煩，反之也不希望他人對自己如此，認爲這是人與人交往必須要堅持的禮儀及原則。

⑥、不想依賴或期待他人，而希望藉由與他人的協助和理解來擴大自己的活動領域。不喜歡人際關係介入感情的問題，而重視有意義及價值觀相同的朋友。

⑦、這種女性的感情往往隱藏在內心，使他人無法清楚察覺。認爲夫妻、家庭、親子的關係是一體化，所以不會追求自己過於任性的自由。可是在此關係之外的友人及同事之間，則會力求屬於自己的自由。因此，對於丈夫的外遇或是孩子走向歧路，成爲不良份子的錯誤絕對不會原諒。

⑧、妳會隱藏內心的感情，但此絕非出於惡意，一旦表露出自己內在的情感後，則表現會更強烈，因此才會控制自己的行爲，且非常討厭自己情感的起伏被他人發現而昇起警戒之心。可是若没有涉及到感情問題時，則會清楚地表達自己的意見與要求。

非常清楚自己有明顯的自戀傾向，也知道自己所討厭的是什麼，所以極爲不喜歡他人窺探自己的內心。

⑨、雖屬於靜閒魂，可是在人際關係上不會推敲判斷他人的心態，且缺乏直接掌握對方的能力。是視覺感受性强的女性魂，往往依眼所見、耳所聽的現象，來下判斷或結論。無法察覺出他人所說的話背地裡的含義、或觀察他人舉動之背後的心態，通常是以主觀的看法即下結論。

⑩、會控制自己吸引他人的魅力，當別人對妳表示好感，自己無法抗拒時，則會輕易地向他人表露妳的感激之心，所以還是裝著若無其事比較安全。

【實行或行動的特徵】

①、對自己的家庭環境之愛著心及信賴度很强烈，注重血緣，即使是離鄉背井，也會十分懷念家鄉。凡是結婚後離開故鄉越遠的人則愈有此心態，此宛如少女之心一般懷著嚮往故鄉的淡淡愁情。

②、會盡量地應用存在於自己所處環境中最優越的條件，所以往往只重視環境而忽略一般社會性的共通點而生活。對未來不會深入的思考，往往只依目前的環境來作未來的計劃，因此比較缺乏遠大的展望，即對於抽象性的未來之展望或直覺感較弱。可是在視覺上對現實環境之判斷相當敏銳，也有强烈的感受性，但有時會過度重視細節。

③、對任何事都想嘗試其反應而行動，在嘗試各種錯誤之後，所得到的想法並不認爲那就是結論，而是重視彼此互相合作，處理事物的態度。如果在行事的過程中環境起變化，爲了應對變化會機敏地做好自我調整。

④、對於自己的要求無法被環境的變化、情勢的變化、及對方的情緒和氣氛所接納時，會堅持意志耐心等待。

⑤、遇到無法贊成自己合理性的想法之人時，會對這種不調和的態度產生憤怒。同時，在人際關係上，若發現對方不是很坦誠，會要求對方要對自己明白地表示其想法，且亦具體的說明自己的看法並認真地對應，在此場合中會一直保持緊張感而不會覺得勞累。

⑥、以私人的立場而言，不喜歡演講或在討論會上發言，可是處於討論會等場合中，態度會顯得非常規矩且熱衷。妳不會積極地尋找談話的題材，且會等到對方說話時才加入交談的態度，呈現出賢淑端莊的女性形象。非常厭惡奉承阿諛。

妳有著不太顧慮他人的事，卻希望他人能夠顧慮到自己的特徵。

⑦、當同樣是女性而要認定對方時，雖會乾脆的說「是嗎？那真是太好了！」的話，可是內心仍會產生一些嫉妒的心理。此並非自己的優越性受到侵害，而是認定對方的優位性之後才萌生出嫉妒之情。

不管戀愛或結婚、對男性的佔有慾相當强烈，這可能是由於自己太愛對方才會湧出的獨佔之情。一旦萌生嫉妒，則本來的合理主義心態因此而崩潰，且對於自己的嫉妒心相當生氣，而想把這種心情朝某個對象去發洩。通常妳是不允許自己有這樣的心態，這或許是妳認爲嫉妒在自己的人生中是不必要之故。

【性的特徵】

①、這種女性魂對性的問題存在著兩種心態，且彼此呈現出極端化。較早熟的女性在少女時代就會和男性發生性關係，晚熟的女性則要到結婚後，才會有性的行爲。然此並不是指哪方面好或是壞，且早熟的女性在中年之前，對於性的感覺，或是精神層面上的感激性會逐漸地衰退，並且對於男性有較固執的觀念，在性方面則持續著較負面的開放感而生活。

②、至結婚前一直維持著倫理的性道德的女性，對性的概念，認爲性的喜悅與愛情是成正比例的。認爲性的慾望必須基於夫妻間的感情，只有夫妻才能夠擁有性行爲。有句諺語說「白天是賢妻、晚上則爲娼婦」，這種女性雖尚未至如此極端的程度，但是，認爲夫妻生活

是絕對不能夠忽視性的問題。

這種女性魂是以合理性與努力性爲主體，因此，夫妻生活也會追求理想。

【有關疾病或健康的特徵】

有關疾病或健康，與個人的隱私生活有很密切的關連，所以不方便在本書中加以記載。若欲知詳細的個人疾病之狀況，將可在前來接受『星魂術鑑定』時，予以明確地說明。

在此所能告知的範圍，就是有關罹患低血壓、胃下垂、膽結石、糖尿病等方面的疾病患者會比較多。這種女性魂對疾病會過度的擔心，但是過於擔心或介意也會產生不良的後果。

有關『癌體質』、『壽命』，或是其他疾病等方面的問題，請前來接受『星魂術鑑定』

⑨『知覺女性魂/實行型、陽明魂』

八月十五日～九月十四日間出生的女性之誕生月日的靈魂性。

【身體的特徵】

①、體質上予人較軟弱的感覺。懶散悠哉時與動作敏捷時的差距很大，是屬於肥胖的體質。凡事不會馬上顯露出自己的感情，給人的感覺彷彿瞧不起人，可是本身卻全沒察覺出自己有這種傾向。具有不可思議的氣質，一般而言，予人較難接近的印象，且不論交往深淺，此態度都不會改變。不過個性坦白率直，頗具魅力。

②、由少女時代開始，便是屬於較神經質且纖細的體質，絕不是屬於會撒嬌且可愛型的女子。肯定自我，不容易緊張，作風乾脆，屬於「晚睡晚起」型，如果沒有充足的睡眠，則無法充分發揮體力，通常腦筋裡常會縈繞著「今天睡得好」或是「今天睡不好」等有關睡眠的問題，是屬於會慢性地感覺到睡眠不足的體質。

③、喜歡口味較淡的食物，好美食，不喜歡西餐而喜歡較傳統性的食物，偏好水果，但平日並不會食用太多。雖然在食物方面有所偏好，但是在實際的場合裡什麼東西都吃。總之

，對食物所產生不同之執著心的飲食生活是非常奇妙。

④、多半都會喝酒，喝酒可說是該女性魂的特徵之一，已與飲食生活溶爲一體，不過不喝也不會太在乎。對酒的興趣可說是多彩多姿，譬如可能有時會想喝清酒，有時會想要先喝啤酒再喝烈酒，總之，對酒的種類慾望很多。通常，酒容易助睡，但這種女性魂喝了酒之後，意識反而會清醒。喜歡華麗的酒宴與宴席上幽默的對話。

喜歡長時間的喝酒，酒一喝多必會宿醉導致頭暈。可是到了傍晚時又會想喝酒了，此也許是欲求不滿或是寂寞感所致。有時會爲了壯膽而藉酒克服內心的害羞感。

【綜合能力的特徵】

①、即使在少女時期，在人際關係上也不會有想去奉承對方或是顧慮對方的心態。開朗率直，看起來有些木訥，對他人的關心或漠視之差距很强烈，不太會顧慮他人的態度，內心想法和表情，也不擅於摸索。態度坦誠不做作或虛張聲勢。

②、對他人經常處於摸索的階段，且妳的表現不會明確的表達自己的心態。優柔寡斷，清楚地區分他人與自己，不喜歡依賴他人，也不會同他人一起行動。

雖有孤獨感，可是並不會積極地想與他人協調。由於已經穩固了自我的人生觀，所以雖然年紀尚小即已擁有自己的世界。

③、對自己的公司、環境和各種社團不太關心，因爲認爲此不過只與自己不相干的他人之集合體罷了，個人有個人的生活方式，並無勇氣想加入社會、公司等的競爭團體，覺得那樣可能會給自己招致麻煩，而寧願默默地只當一個旁觀者。

不過，對他人會坦白地表示自己的意志，親切且率直的對應。做事向來很慎重，不過由於獨斷的合理性之個性，所以經常採取令人異想不到的舉動。

④、不會感情用事，凡事皆慎重且緩慢地加以思考，推理，追根究柢，所以對突如其來的刺激，其內心的反應會比較遲緩，因此常被誤解爲無神經或是較冷漠的人。

⑤、遇到事情時缺乏直覺力和把握場面的分析力。對於過去所發生的事會常常惦記著，認爲如果當時自己再積極努力一點就好，會對「已經無法挽回的事」耿耿於懷。

可是一旦這些「無法挽回的事」是發生在戀愛的場合時，則有關失敗的事，會仔細將其收藏在自己秘密反省的「箱子」內，而有關甜美的回憶，則收藏在羅曼蒂克回味的「箱子」中。

⑥、對於發生在自己身上的問題，都有追求真理的傾向，不會貿然處之，有時會採取獨斷的行動，因此爲了追求理論則無法做彈性的對應，導致事情的結果往往太過獨斷，這點對妳來說相當吃虧。

⑦、凡事具有冷靜坦率的觀察力，所以不會被任何困難所牽絆而陷入困境，妳由少女時

期便與衆不同，在他人的印象中，妳是非常獨特的。

⑧、在自我的心中早已形成被統合之自由的人的模式，可是仍須經常觀察他人或將事物合理化的深入去思考才行。在人生的前半段時期，多半處於摸索的階段，對被賦予的條件反而會加以反抗。對事物的本質較有興趣，如並不很重視一般所選擇的環境，而較重視個性方面之素質。由於人生經驗較豐富，所以較一般人特殊。

⑨、這種女性魂的特徵是不重視傳統性而較偏重改革更新。對於尚未揭曉的見解，秩序上的統制或一般所定的價值觀念，想要以自己的想法加以改變，對一切事情都要受規定的社會現象有些不同意，對非一般性、非凡性、獨自性或個性等，比較有興趣或期望。

⑩、對生活中一切有關「數」方面的問題不太執著，是屬於重質不重量者，此是妳對一切事物的想法。

在金錢的使用上，會維持自我的平衡感，認爲金錢的運用要有價值，無法忍受在金錢方面有所糾紛或煩惱，假如看到了一元或是十元便討價還價的女性，會因其而產生一股人性「原形畢露」的感覺，因此，在金錢的使用上，絕對不會涉及到感情或情緒上的事情。

【對人或社會性的行動能力】

①、對社會或他人的生活喜歡站在旁觀者的立場，冷靜又客觀地加以觀察，完全依靠自

己的力量去分析，絕不會感情用事。對任何事情考慮其是否有效率才會採取行動。遭到他人的抵抗時，不會想要一一地加以解決，而會以迂迴繞道的方式加以閃避。很會調適自己所處的環境，在調整的過程中絕對不會迷失自己，雖是片斷性的，但是，有教養與知識之結合才能夠產生這樣的心境。

②、不會排斥困難的哲學理論，且渴望去理解各種理論與學問。例如，若有人極端的嫌惡宗教，在尚未認清之前，即對宗教的深層教義直接採取討厭的行為，則會覺得那些人的想法過於膚淺，因為往往愈會斷言說「我不會依靠任何東西，所以也不會依賴神的世界」的人，其依賴心愈强。

③、經常會考慮到自我人生的安全性，然此並非針對在社會中所存在的某種危險，此安全性就是指自己所能接受的感情上之行動的安全性。雖然並不認為人一死一切就都會失去，但是沈醉在幸福的時候，容易陷入較頹廢性的思考之女性魂。

④、因為擁有自己要負責的倫理道德觀，所以認為女性應有的態度多半是形式化，絕不能喪失女性的倫理觀念，即應排除矛盾及混亂的思想，以倫理之統一的水準來衡量事物才是正確的。瞧不起無作為的行動，同時相信任何行動必有「心」的存在，是一位將善意與作為區分得很清楚的理想家。

⑤、很注重人情義理，雖然知道人際關係上的人情義理不過是形式化，但是妳相信如果

喪失了人情義理，那在人際關係上，個人之心態及人與人之間的交流，必定會陷入混亂。

⑥、比較頑固，不會隨便接受他人的意見。假定站在個人或是客觀的立場，則對任何事情較不會機敏地即刻回答。絕不會盲從於流行，會先退一步仔細客觀地觀察後，再慢慢順應流行，而不會一窩蜂地趕流行。

⑦、不會隨便順從對方，强烈主張自我的合理性，不會站在對方的立場觀察自己，假定對方堅持要理解妳，妳絕對不會屈就於這種無理的行爲，當妳在觀察對方的同時，對方也會觀察妳，但是妳與他人的人際關係會始終保持宛如隔著一層玻璃般的較有疏離感。

⑧、他人會認爲妳與家庭（自己的娘家）和血緣關係者缺乏感情的投入，此女性魂的家庭關係之狀況實際上比較複雜，親情觀念較薄弱，但相對地也少有憎惡感，總之，關懷他人之心比較平淡。

【實行與行動的特徵】

①、對自己的前途較不憂心，雖然很清楚自己應該做些什麼，但是對前途的展望，對方的態度、自己的決斷、行動等，若未加以明確化，則無法採取行動，因此往往被視爲優柔寡斷或者是模稜兩可。不會主動積極地去接觸對方，對任何事情都處於被動的姿態。

②、個性悠哉，卻很慎重，由於做事會考慮安全和穩定性，因此凡事都會做好長期計劃

，即使他人早已忘記要做些什麼，但妳仍會努力行動以達成目標。最大特徵乃是堅持不牽强、不焦急和不放棄等原則，看起來彷彿有遠大的抱負與展望，但又好像什麼願望、理想也没有。由於天性樂觀，所以生活過得很充實。

③、會犯重踏覆轍的過錯，記憶力佳，且具環境分析的能力，但是無法在精神方面做激烈的改變。

④、對無關緊要的事漠不關心，甚至不加理睬。不喜歡耗費長久的時間去理解對方的態度或是言語。

⑤、由於抑制感情的反應，所以有關驚訝、感歎、讚賞、悲哀、憤怒和愛的表現等內心的表達與反應的態度過於遲緩。例如不管多氣憤或多高興都能夠加以抑制，是屬於反應較遲純的女性魂。

⑥、對於說話不會覺得有什麼難處，可是對於提出結論性的談話則較有抵抗感，因此，費較長的時間才能夠說明過程與變遷，不擅長下結論，也不喜歡說話的時間過於冗長。由於不太能夠掌握重點，或是說話大莽撞，所以常常一股腦兒說出自己內心的想法，讓對方不知所措，而感莫名奇妙。

⑦、喜歡有結論性或有結局的話題，容易妄下結論，行動偏主觀或獨斷，此可能是不太喜歡被認爲是「說不定如此」，或「原來如此」的態度。

⑧、這種女性魂的文章喜以迂迴繞道、不易使人了解的形式表現，但，對自己想主張的事會明白的表現，擅長打如意算盤。不論自己陷入如何不幸的局面，也不會顯露於顏色或態度當中，因爲妳覺得讓他人知道自己的不幸，比自己心中所感受的不幸，實際上是要來得更不幸。

⑨、對自己毫無興趣的事不會產生任何嫉妒心，例如，對傳統服裝毫無興趣的妳，即使他人購買再多高級的服飾，也不會產生任何嫉妒心。然而，一旦他人穿著妳十分喜愛的衣服，雖然妳口中會笑著說「好美喔！」可是心中早已萌生嫉妒之心。

假定有某些男士對妳有好感，如果妳討厭那位男士，則你們之間將沒有結局，不過倘若其後發現該男士與另一位女性親密的交往時，雖口中會說「這與我無關」，但心中會對那位女性產生嫉妒心，且會試著說明自己說「那位女性不過是和我不喜歡的男性交往罷了」。

【性的特徵】

①、在性行爲方面認爲男性是主動，而女性是被動，於戀愛之中若產生性的關係是無可避免。在性方面不太有自信，由於多半是由聽聞得知性的觀念，其根基較無合理性，所以較容易沈迷於甜蜜的狀況之中，且多半處於被動。

倘若心態上未加同意則不會與男性發生性關係，有時對方會感到妳過於嚴肅，但其實是害怕一旦與男性有性關係之後，男性的心態會有所改變。當男性要求與妳在肉體上的結合時，妳起先會裝著不知道對方的興奮，但是，當本身漸漸感覺到對方的熱情而溶解了自己的防線之後，才會坦誠地接受對方的要求。不過即使是發生了肉體上的關係，仍認爲並非自己同意產生的性關係，而是女性的性慾所驅使，所以並不非常熱衷於性，可能是由於本身的害羞感，和對男性衝動之行爲有輕蔑之心，這兩者彼此交錯所致。

夫妻間的性生活會比其他夫妻更容易陷入呆板性的狀態，因此，有陷入惰性的倦怠期提早來臨來的危險。

【有關疾病或健康的特徵】

有關疾病或健康，與個人的隱私生活有很密切的關連，所以不方便在本書中加以記載。若欲知詳細的個人疾病之狀況，將可在前來接受『星魂術鑑定』時，予以明確地說明。

在此所能告知的範圍，就是有關罹患腎炎、慢性胃炎、腦中風、高血壓，或極端的低血壓等方面的疾病患者會比較多。

有關『癌體質』、『壽命』，或是其他疾病等方面的問題，請前來接受『星魂術鑑定』。

⑩「知覺女性魂/實行型、靜閒魂」

九月十五日～十月十四日間出生的女性之誕生月日的靈魂性。

【身體的特徵】

①、具有修長且曼妙的身材，在柔和之中有高度的知性與精神，擁有女性纖細又敏銳的特質，雖也可能肥胖，但，即使肥胖身材的曲線也是玲瓏有緻的。

②、會對他人產生緊張感，所以讓人覺得妳彷彿在擺架子、態度傲慢。屬於圓臉型的人，給人精練的知識階級者之印象，同時也努力使自己的態度明朗化。

③、經常想要調整好自己的身體狀況，在自我意識倒有強烈的緊張感之環境下，顯得相當疲勞，且容易精神興奮，因屬於比較敏銳細膩型，所以常有睡眠不足的傾向。比其他的女性魂要來得喜歡睡覺。由於想逃避過於緊張的狀態或環境或是被壓抑的感覺，而想要擁有屬於自己自由的時間，一旦陷入這種狀態時，就會想藉由睡覺來躲避事情，所以他人常會諷刺妳說可能唯一的嗜好便是睡眠。

④、屬於會喝酒的女性，但是不會喝過量，酒量不錯，但不喜歡太熱鬧的宴會場合。必

須出席宴會時，會積極控制自己的酒量。通常在過於熱鬧的場合裡，會覺得沒法好好的享受。不過在大庭廣衆之下，妳是很有魅力的，美麗的臉孔和修長的身材，使妳成爲衆所矚目的焦點。前面曾提過也有人是屬於肥胖的體質，不過由於這種女性魂之身材是偏向修長型，所以只要好好的管理控制，便可消除肥胖。

【綜合能力的特徵】

①、行爲端正，態度較孤僻，不喜歡受到束縛，因此，無法表現出圓滑且親熱的態度，同時也不會很關懷別人。

②、經常都是規規矩矩的，對待他人很嚴肅，守規則。對於結果或是責任感的反應非常强烈，對負責任的事幾乎會感到恐懼。

③、不重視感性重知識，不重視現實之體驗重讀書，認爲由書籍中所得到的教養是最重要的，所以很努力的吸收知識。不太過執意於自己的主觀，同時也不會爲感情的事情煩惱，對一切事物會退一步的以客觀的立場去觀察，由於如此，才能使自己成爲優秀的評論家。大體而言，是屬於對獨斷及飛躍的態度具有相當警戒心的女性魂。

④、善於分析事物，對局部的觀察很細密，事情不完備或缺乏嚴密性時，絕對不會敷衍了事，不過眼光過於狹隘。做事踏實，不會有異想天開的想法。

客觀性或一般性的想法較强，有非社會性及非一般性之恐懼的傾向。是屬於現實主義者，同時也是可愛的理想家。

⑤、對社會動態、時勢潮流相當敏感。當見到社會中不良的狀態時，並不認爲應激烈的改變其狀態，而是抱持著應改變人的想法和思想，才是最重要的信念。妳認爲社會的狀態是人爲的，所以社會中的好惡完全存乎人心。

⑥、對於尚未完成之事，妳會熱心地加以指導，或者培養及教育，對完成的事物則是評論家也是批評家。對他人的興趣端視其知性與教養的部份。

你會在自然的風景、植物、花草、動物方面，充分地展露出女性特有的感性。擁有童話般的性質之感情，不太喜歡人群，對他人有警戒心，而較沈迷於文學、音樂、美術等方面靜態的世界。

⑦、對於自己的能力所及之事，不會想多去了解或接觸，對人間社會的異常性、非一般性及非常識性等事件儘量避免去接觸，由於自己本身並沒有具備那樣的特質，所以會產生不快的感覺。

⑧、不會感情用事，且不被眼前必要性之事物而束縛自己，凡事與金錢扯上關係時，會有計劃性且合理性的計算，是屬於非常踏實的女性。即使由他人口中得知去海外旅遊多麼的愉快，但是，當自己在金錢上有所困難的時候，不會牽强地去做海外旅遊的規劃，而認爲將

錢儲存在銀行是比較妥當的。

【對人或社會性的行動能力】

①、追求充滿知性氣氛的環境，擁有踏實的人生觀。自我控制力很強，絕對不會貿然行事，自尊心較其他女性魂來得强烈，重自我意識，然此點向來成爲他人所討厭的要素，應多加留意。

②、擁有想獲得社會性方面的肯定與尊敬，而成爲某領域之權威的願望，所以認爲只要是能夠獲得這樣的條件，不論要盡多大的努力都不會猶豫，且不斷探索如何去適應社會的生活才是最好。

③、這種女性魂偏重資訊（不會感情用事）去對應任何事情，但這並不意味是不好的，此乃由於自己擁有一套自我的人生觀與明智的處世方法論，是屬於現實主義者，與哲學之境界也很相似。

④、妳並不會完全的相信善是好的而惡是會滅亡的倫理觀，而相信社會必須依靠一群優秀的人材才能夠建立一種秩序。妳對人並不抱持樂觀的看法，認爲人與人之間必定存在著某種利害的關係，同時認爲感情的對立就是人際關係的危機，所以是屬於厭世及不喜歡人性的女性魂。

⑤、妳絕不會允許在自己的心中有自卑感，在心中渴望自己能夠超越一切而站在優位者的立場。在人際關係上，個人的展現能力較弱，但對應大眾的能力則強。

⑥、不會想去依靠他人或擁有依賴心，因妳認爲自己有依賴的心態則表示承認自己比別人差，因而絕不冒這種風險。向來不會輕易委託他人的幫助，對必須向對方低頭的行爲產生嫌惡感，可是當他人依賴或委託妳時，妳會熱心且親切地處理。

⑦、不能斷言妳是一個完美的社交家，因爲妳在精神層面上會有些許的孤立感，所以不會喜歡與他人一起熱熱鬧鬧的行動，也不喜歡參加過於熱鬧的集會，與他人在一起時，若能確定自我的優越性便能夠安心。會極力避免他人的輕蔑或嘲笑，屬於極端敏感的人。不喜歡他人對自己表示同情或是訴求於感情的態度。

【實行與行動的特徵】

①、屬於理想主義者，所以對於自己所處的環境或是社會性的問題，多少會呈現出不滿的態度。對於會被情緒所影響或是容易興奮衝動的女性，在尚未了解其靈魂性之前，已擁有嫌惡對方的感覺，所以在同性方面的交友比較困難。

②、在人生過程中，對自己所處的環境產生極大的變化，例如，結婚的問題，其必須調適自己的想法和順應環境的變化時所產生的心裡糾葛，十分地害怕。確實，結婚的問題是人

的一生中非常重要的一刻，但妳會在事前衡量最基本的安全限度，同時在內心設定好幾條道路以供選擇，且在實行前會做好萬全的計劃與籌備，因此，往往延誤了進行的速度，可是仍不致於產生太大的錯誤，不會期望環境能因此有良好的轉變，雖有崇高的理想，但也擁有夢想之女性。

③、與同性之間進行諮談時，假定對方有所需求，妳會在過程中降低自己的標準，以順應對方。因爲妳不想依自己的判斷而强求他人，認爲順從對方的選擇與指示，事情便變得比較簡單。

④、在座談會或母姐會等的場合中，妳的表現會很傑出。文章的表現簡潔，雖較缺乏感性，但是乾脆又明確的寫作風格頗能博得他人好感。記憶力佳，在有關個人方面的談話時，有關丈夫、孩子、家庭等方面的問題會特別避而不談。在人際關係上若產生了糾葛，不喜歡儘往壞的方面去想，而較重視人性的良知。

⑤、討厭自己會被他人的行動或感情所感化，所以對他人的嫉妒心非常薄弱，不會有懷恨之心，萬一產生嫉妒心時，絕對不顯露於外表，所以他人不容易察覺。

【性的特徵】

①、這種女性魂的性觀念，容易受結婚的對象所影響而徹底改變，即並非自己的內心產

生了變化，而是受到男性的觀念所感化，因此往往會採取在普通的精神狀態之下無法想像的情緒性的行動。對於他人的警戒心强，會束縛自己，可是在夫妻的性生活上，完全不會被束縛，而喜以自由奔放的態度去享受。

夫妻間的問題不會受親友的影響，認爲這是夫妻之間共有的秘密。夫妻間對性雖然很開放，可是卻没有勇氣對孩子灌輸正確的性教育，尤其是做母親的會感到害羞而完全依賴父親教導孩子性知識，有時也會表現得十分任性。

【有關疾病或健康的特徵】

有關疾病或健康，與個人的隱私生活有很密切的關連，所以不方便在本書中加以記載。若欲知詳細的個人疾病之狀況，將可在前來接受『星魂術鑑定』時，予以明確地説明。

在此所能告知的範圍，就是有關罹患子宮肌腫、肝炎、慢性胃炎、動脈硬化或低血壓等方面的疾病患者會比較多。

有關「癌體質」、「壽命」，或是其他疾病等方面的問題，請前來接受『星魂術鑑定』。

⑪『知覺女性魂／感情型、陽明魂』

十月十五日～十一月十四日間出生的女性之誕生月日的靈魂性。

【身體的特徵】

①、動作穩重，因此讓人感覺較遲緩。在知覺女性魂之中，是屬於相當端正的臉孔，但是並不突出。可能是行動比較遲緩的緣故吧！臉也顯得比較圓胖，但並不是特別的胖，而是具有一股民族性的特質。擁有知覺女性魂所特有的敏銳的探測人心之眼光，由於這種銳利的眼光，往往被認爲是具知性又帶有感性的敏銳者。

②、對一切事情都抱著從容不迫的輕度緊張感，依知性來決斷事物，並做理論性的分析。在日常的行動上非常具有運動細胞，因此喜歡運動。行爲開放，對待他人的警戒心小，樂觀，所以會用語言坦誠地將自己的想法表達出來，或衝動地付諸行動。

富有感情，通常其態度是極爲開朗，可是一旦陷入低潮則會淚流不止，具有儲存精神上之熱能的能力。手腳靈活，喜歡與男性一同挑戰做任何事情。

③、除了不會喝酒的女性外，一旦喝酒則酒量大，會豪飲，並不會因爲酒喝多就喪失理

性或是胡思亂想，强迫自己要控制酒的份量，認爲喝酒便要盡興。同時在酒宴中，妳會顧慮到周遭的人，而更勤快地招待他人，使場合更熱鬧。

【綜合能力的特徵】

①、對人的好惡感强烈，感情方面的興奮程度較緩慢，對他人較無警戒心與恐懼感，開朗豪放，所以人緣佳。有女人味，且會顧慮他人而令人產生好感，同時對同性之間的態度也很親切。

②、十分清楚自己應該在社會、家庭及家族內扮演什麼樣的角色。雖知覺女性魂是屬於較嚴肅及對任何事都會顯露出不滿的態度，但另一方面可以發現其仍具有穩重、規律及遇事從容不迫的優點。

③、並非是屬於敏感或感受性高的人，可是舉止大方有耐性而相當引人注目。對色彩的感受性豐富；尤其是色彩的對比或調和上更能顯現出過人之才能，是屬於知覺性的女性。具有依賴心及母性基本之包容性，容易落淚，極端討厭背叛，堅持正道。

④、雖缺乏分析性的觀察力及選擇的理論性，但仍能依靠全體的、綜合的、印象的掌握方式，將知覺女性魂的特色呈現。不注重主觀，個性或獨立性的觀念，而較注重客觀及一般性。由於個性是屬於陽明魂，所以會將社會性的價值觀視爲人的價值基準。對自我價值觀不

會做自我反省或批判，而偏向適應社會之價值感的方向。

⑤、可依自己的控制保持著緩和的平衡感，對於矛盾、對立、變貌的現象無具備任何體系的調和性及包容性，討厭視野過於狹隘，喜歡諸事皆能從容不迫的進行。

⑥、會依社會性的要求而無限的擴大自己，喜歡在自我的社會舞台中毫無掩飾的展現自我，這種女性魂會因爲本身依賴之特質，而充分對他人發揮自己的感情。

⑦、喜歡美術、插花、文學等的自我表現，即使在運動方面，也有相當優秀的表現。

⑧、對金錢的價值體系觀念相當穩固，是屬於較現實、經濟型的預算主義者。由於一切有關數值方面是以精神層面來衡量，所以只有在必要的時候才會付諸實行。

【對人或社會性的行動能力】

①、注重感情，且依調和性之理想主義來樹立自我的人生觀。依自己的感性在事物方面做完全調和之感及站在無私（個人的存在）之信念上，追求人際關係的完全調和。雖然在實行的方法論上常常做知覺性的探求，但是，對自己卻很少做根源性的批判與反省。

②、重視輿論，希望站在高處努力促進社會大衆的調和，擁有奉獻社會的使命感。不强調自我個性的發揮，而偏重環境的作用，常透過環境的變化，以知覺性的計測自己在社會中之價值的擴大。

③、將自己的感性及客觀性與內在的知性相結合，同時亦將自己的感性做爲理論性及基盤。認爲感性的調和是倫理的走向，唯有完全地調和之意志才能夠成爲人類倫理之基準。當感性不調和時，內心的不滿便會付諸行動，認爲這就是人類存在的價值。

④、這種女性魂具有適應社會一切之要求的能力。因爲好交際，所以能夠對應任一階層的人物。社交態度相當有彈性，但也不會忘記必須具備合理且有價值的選擇與批判。經常對對方在社會是否具有存在的價值做觀察與評估。

不會依自我反省或自我批判提高自信，但是，對自己的聲望可說是相當敏感。譬如，認爲他人對自己的批評，倘若是贊成便是一種營養，而批判就成爲一種刺激劑。對精神方面的理解速度與理論性的歸納比較遲緩，因此在處世方面也擁有超强的耐力。

⑤、通常知覺女性魂對於人心的變化可以樂觀地加以調和，但是不會做深刻的分析，只是以自然的態度去對應。知道人生必有不順暢之時，對人內心的糾葛與煩悶不擅長思索。

無洞察人心的直覺力，因此，都依他人的言語，及眼見之行爲來加以對應。這種女性魂的內心思想是依靠環境的影響來作爲情感之依據。雖富有同情心，可是難與他人產生共鳴。

【實行與行動的特徵】

①、不喜歡受時間的束縛或將時間區分得很清楚，因此對一切事情都擁有超强的耐力。

雖缺乏決斷性，但會站在期望的立場來觀測事物，不會輕言放棄。

②、會採取高明的方法與手段配合，因此不會太執意結果，也不會嚴厲的自我批判。喜歡擁有過於幻想性的理想，所以常對現實產生不滿。雖性急，但忍耐力强。

③、屬於能辯者，不過只依當時的氣氛來決定，擅長解說性及教育性的話題。對於不愉快的事物，往往未開口便先落淚，唯依自己的感情去調和後才能鎮定。

倘若對方不坦誠表現自我，自己也不會熱情回應，所以會將不滿之心壓抑於內心數日，不過對於心許的對方比較能坦誠地表達。

④、嫉妒心較其他女性魂淡薄。本來嫉妒心是源於見到他人優秀的表現而由內心萌生，可是妳認爲對他人有嫉妒之心並不能夠解決問題，改變現狀，所以認爲以平常心來對應會比較快樂。

【性的特徵】

①、性格上（假面）異常早熟，這樣的性格在少女期會和男性發生性的衝動，可是以這種女性魂的本質爲主體之女性，實際上並不是屬於早熟型的，所以在少女時期仍不會有太多性的問題產生，甚至對性會有害羞或厭惡感。

②、成年後對男性不會主動積極。即使是談戀愛，也是平平靜靜，少有波折，多半以單

戀較多，且以精神層面爲主體，對性的意識幾乎是不存在的，即使在電視或電影中看見男女性愛之場面，也不會將那種景象與自己的狀況融合在一塊。

③、婚後夫妻雙方的性生活較平淡，而令丈夫感到不滿足。對小孩子的性教育會儘量避免，如果孩子仍追問，則逃避說「我不知道，妳去問你父親」，而加以逃避問題。

【有關疾病或健康的特徵】

有關疾病或健康，與個人的隱私生活有密切的關連，所以不方便在本書中加以記載。若欲知詳細的個人疾病之狀況，將可在前來接受『星魂術鑑定』時，予以明確地說明。

在此所能告知的範圍，就是有關罹患風濕、賢臟病、狹心症、糖尿病等方面的疾病患者會比較多。

有關『癌體質』、『壽命』，或是其他疾病等方面的問題，請前來接受『星魂術鑑定』。

⑫『知覺女性魂／感情型、靜閒魂』

十一月十五日～十二月十四日間出生的女性之誕生月日的靈魂性。

【身體的特徵】

①、這種女性魂的臉孔經常顯現出疲態，外表較邋遢，不過臉部整體而言是相當具有女性魅力的。腰較粗，有獨特的走路姿勢。

整體而言，相當具有自信且情緒緩和。高雅，個性強烈，由於身體某部份喪失調和感，所以看起來好像不太健康。

②、在穿著打扮上具有粗獷的獨創性，是屬於有個性的女人。無法一直保持緊張的狀態，除非相當地勉强，情緒變化大，身體狀況時好時壞，具周期性，所以非常需要調劑情緒，做充分地休養。

③、會喝酒的女性較多，但並不著迷，假使受人邀請而自己並不想喝酒時，會找一些諸如工作做不完，有問題尚未解決，家裡有事必須要做等理由推辭，即使是丈夫勸酒時自己不想也絕對不會喝的。

總之，需有喝酒的心情，才會敞開胸懷的喝酒。如果是和友人一起旅行，在旅館下榻心情較愉快時會和友人小酌幾杯，或是在宴會的場合裡亦是，通常精神上之解放程度高低，與喝酒的量成正比的。

如果妳是從事飲食業時，則情況便不一樣了。因爲常有喝酒的機會，因此予人海量的印象，且酒一喝多，心情愉快，場面自然也熱鬧許多。

【綜合能力的特徵】

①、很有感情，行動和面部表情易受情緒左右，具知性，頭腦聰明，對人有耐心，視察入微、警戒心也很强，因此並不似感情女性魂之靜閒一般具有柔和和慈惠的心態。

②、没有警戒心時人很開朗，與任何人都能親密的交談，予人的感覺很高雅。可是一旦起了警戒心，則表情嚴肅，乖僻，由於警戒他人時的自身内心之起伏太大，因此連自己也相當討厭這樣的落差，希望自己能夠克服這樣的障礙，盡情地發揮自我。

③、非常重視傳統的秩序，人情味濃厚，多愁善感，有自我獨特的思想，經常對自我的態度與行動產生不安感，因此一旦面臨下決斷時，則會有優柔寡斷的傾向。

④、對事物的直覺力敏鋭，第六感强烈，此雖不錯，但對心情的持續及思考的探求就會顯得較無耐性而易產生片斷性之情況。對感情方面的反應向來依知性來統制自己的行動，所

以經常會產生內心的困惑。

⑤、擁有高度的感性及容易興奮，可是不會迷失自我，雖具有對立性、批判性、反省性的態度，可是仍無法排除觀賞性的心態。

喜好運動，電影及舞台劇，但只純粹站在欣賞的角度。情緒變化大，無法持續忍受超過三小時的長時間緊張，且其後需充分的休養以調劑情緒。

⑥、能有效率的使用金錢，認為對金錢的使用愈囉嗦者愈不擅使用金錢，對錢的運用相當理性。有時會很浪費，不過大體而言都會做好計畫。總之，該用錢時絕不吝惜，且能將一切事情轉變為好的方面。有時用錢會大方地讓他人感到訝異。

【對人或社會性的行動能力】

①、尊重有個性的人，且以此為人生觀、倫理性的基礎。對有個性的表現相當有好感，雖知道理想與現實差距很大，但是仍希望盡情發揮個性以求接近理想。

②、對人生一開始並無理想，但會依自己與他人的個性創造人生，總之，即是依自己與自我的個性來形成自己的人生。

雖屬現實主義者，可是會以知性及感性來否定理想與現實，並以這種雙重構造將自己的存在現實化，所以不會事先就擬定好自我人生的劇本。

③、以倫理爲個性之基本，所以有明確的走向，但是目標含糊，即使是人生方法之選擇也含糊不定，雖能發揮知性、注重人情義理，但還是會知覺性地流露出感情。

④、從感情性及知覺性雙方面不容易得到結論，可是也絕不會忽視理論上之說明，態度絕不馬虎，對任何事不會抱持果斷的心態。

⑤、並非一定要獲勝，但也不會輕言服輸。本來的個性就是屬於較軟弱型，所以會先發制人的採取行動，結果往往因太衝動而打草驚蛇，或是虎頭蛇尾草草了事。雖目標含糊但能確保方向，無攻擊性，但反抗性非常强。

⑥、常常爲了調節情緒而休養身體，喜歡環境上的轉變，同時會極力想擺脫過去的自己。

【實行和行動上的特徵】

①、擁有開朗樸實的態度，行動活躍。很會觀察機會，但是不擅長掌握時機，往往在最後衝刺時功虧一簣，怕麻煩，顧慮不周全且容易感情用事。做事容易放棄或是無法下結論，且有過度自我反省的傾向。

②、容易接受對方合理性的言行，當自己主張合理性時，無法以感情化的意志作爲支撐就不敢輕易主張。個人的立場較單薄，但在組織或團體的場合時則立場很堅强。

③、説話的表現方式過於沈悶，其內容並非依構想而定。和他人談話時，對自己表現的態度感覺困惑，因此會想逃避。通常要適應周遭的環境需三十分至一小時的時間，所以面臨短時間的開會時，容易讓人產生誤解而留下壞的印象。

④、如果和有妻室之男性產生畸戀時，一般的女性多半會對那位男性的太太產生嫉妒，可是這種女性魂會控制自己，絕對不會產生嫉妒之心。

但對待同性則會因爲不服輸的心態而產生嫉妒，如果肯定對方會加以默認，若站在同等地位時則會以「嗯，有啥了不起！」的睥睨心態來表示嫉妒之心。

【性的特徵】

①、性慾强。雖不是很早熟，可是很受男性青睞，所以很早便有性經驗，且熱情的慾望往往使男性無法招架。通常並非對男性有好感就會戀愛，而是依對方是否具備吸引人之要素，否則是絕不會深陷愛河的，是屬於享受變愛者，所以在變愛時，往往無法控制自己的慾望而想天天與情人見面。

②、因較開放，所以對具有色情傾向之幽默話題，能以開朗、泰然處之的心態與他人交談。唯一缺點便是過於喜好英俊的男子，譬如妳的戀人受他人讚美説「好棒喔！」、「妳的他非常英俊哩！」的時候，會使妳感到快樂且提昇妳的優越感。

【有關疾病或健康的特徵】

有關疾病或健康，與個人的隱私生活有密切的關連，所以不方便在本書中加以記載。若欲知詳細的個人疾病狀況，將可在前來接受『星魂術鑑定』時，予以明確地說明。

在此所能告知的範圍，就是有關罹患糖尿病、高血壓、痔瘡、肝硬化、胃潰瘍等方面的疾病患者會比較多。

有關『癌體質』、『壽命』，或是其他疾病等問題，請前來接受『星魂術鑑定』。

第三章

瞭解自身運勢之周期

——以六年為一周期的十二種運勢期

●以六年為一周期的十二種運勢期

在女性星魂術中，存在著以六年為一周期的十二種運勢期。

每一種運勢期開始必在每年十二月的十五日，直至六月十四日時其運勢便結束，而接下來的運勢期則始於六月十五日，終於十二月十四日。

【以六年為一周期的十二種運勢期之種類】

因生運勢期
成育運勢期
滿華運勢期
疾苦運勢期
成熟運勢期
狂迷運勢期
回歸運勢期
貯藏運勢期
靜穩運勢期

暗溝運勢期
沈滯運勢期
衰勢運勢期

如以上所示，總共有十二種運勢期。

每種運勢期各有其特徵，因此請依一六九～一八一頁的表格來調查妳目前的運勢期是屬於那一階段的運勢期，這是依自己的出生月日之靈魂性的『女性魂』所分類。

【實例】假定妳出生於十二月二十五日，是屬於①『感情女性魂、實行型・陽明魂』者，請參照一六九頁的『運勢期表』，其乃屬於一九九三年十二月十五日至一九九四年六月十四日的『成熟運勢期』，直至一九九四年六月十五日時就進入『狂迷運勢期』（見一七〇頁），而一九九四年十二月十四日其運勢期就結束了，然後一九九四年十二月十五日又進入了『回歸運勢期』（見一七一頁）。諸如此類，以六年爲一周期的十二種運勢期即是如此循環。

☆附註／此運勢期表完全不屬於男性，請勿誤解。

『因生運勢期』

①、『因生』之年月是指對妳的一切會帶來好因果的年月，對妳而言，一切都會朝好的方向進行，過去停滯不動的惡事將會煙消雲散，好事叢生，諸事美好。

在『因生』的年月裡，任何思想都是快樂的，可說是一切的開始。華美的命運之門扉將會被輕輕打開，妳可以安心地一步一步往前邁進。

②、如果在『因生』的時期就職，將會有大成就，在此時期開始的工作、公司或生意將會非常欣榮，人際關係也是如此，在此時期認識的人將來必會有密切的交往，所邂逅之人有可能會成爲未來重要的親友。此時所擬定的人生計劃實行時，不會有挫折，必有輝煌的成果。

③、如果在這時期想購屋，可以開始設定購買的計劃，倘若能按計劃進行，將可以順利購得自己所想要的房屋，同時，這也是房屋汰舊換新的好佳時期。

④、在這時期不可和朋友離別或者離婚。如果和對方的意見有摩擦時，絕對不要堅持己

見，應以寬大的胸懷接受對己比較有利，但並非要妳持姑息的心態，只是凡事多順應他人的想法和竟見，不要過於反抗就好。在這時期認識的男性，不管戀愛或相親，結婚的可能性很大，是未來的另一半出現在妳面前的時期。

⑤、請先查出出生年之『星魂』及月日之靈魂性的『女性魂』，同時也檢查是否處於『運衰厄生期』（請參照第四章），再過著『因生運勢期』的生活。

『成育運勢期』

①、因生運勢期後，即邁入成育運勢期。在因生運勢期中所發生的各種『因』，將慢慢地開始活躍，所計劃的事，會如初春啓蟄的萬物，開始緩慢地萌芽。可是在前三個月時運勢較弱，尚無法朝上蓬勃成長，爲要保護這契機，環境的因素很重要，因此必須避免激烈的生活變化或疏失，總之，凡事應愼重爲妙。

②、機會彷彿很好，但實際並不是非常順利，所以絕對不能得意忘形，輕浮、傲慢或不懂的事裝懂，直至成育運勢期的後半，一切的事情自然會朝好的方向成長。

③、在精神層面上，對人溫和且和善的接觸是最重要的。同時，友人、家族和親戚們會想來依賴妳，不過當妳想要助他人一臂之力時，很可能會喪失自身的一切，同時會使寶貴的『成育運勢期』功虧一簣，此點應特別注意。

④、當妳邁入「成育運勢期」時，妳丈夫在公司裡的地位和生意會稍微地衰退，不過由於妳的運勢期很强，所以不必太擔心。在此時期，妳的孩子會對妳表示反抗，尤其是女孩子

會特別不聽話，爲此妳應該多注意女兒的行動。家庭整體而言會比較平靜，此是只有妳一個人顯得開朗、充滿希望又興奮的時期。畸戀的誘惑感會從妳眼前閃過，但妳只會將它好好保存在心中而不會力行，因爲在「成育運勢期」之後，「滿華運勢期」就即將來臨，所以應該慎重地過日子才是。

⑤、請先查出出生年之『星魂』及月日之靈魂性的『女性魂』，同寺也檢查是否處於『運衰厄生期』（請參照第四章），再過著『成育運勢期』的生活。

『滿華運勢期』

①、此是運勢期的流程中，非常重要的一個運勢期。在這運勢期的六個月期間，如果妳得到財產、家庭或男性，將會成爲穩固的狀態，亦就是決定今後的六年至七年之間重要的關鍵運勢期。人人都希望幸福，可是幸福是很難掌握的，雖幸福的感覺因人而異，可是這段時期確實可以掌握住幸福。

②、如果與「滿華運勢期」的運勢背道而馳，將會有很嚴重的後果，且終身無法挽回。例如，做出讓他人不信賴的事、當保證人、說謊，或錢借給他人等，則該階段的運勢就會徒勞無功。

這段時期能有魄力的行動是充滿活力的時期，因此，只要顧慮自己去行動就好，不要太執著自我的自尊心，否則易被他人誤解。

③、此運勢期在妳面前出現的人物，並無法勝過妳强烈的滿華運勢期之運勢，反而妳會將對方的運勢加以吸收。任何事都能圓滿達成，可過著充滿自信的生活，但不可太過逞强，

只要積極的行動必有所成。

④、如果妳仍是未婚，則不論是結婚或再婚，此階段都是最好的時期，可從此過著幸福美滿的婚姻生活。此時期乃是春陽溫暖地籠罩、櫻花盛開、美麗的妳，也令人眩目的輝煌時期。

⑤、請先查出出生年之『星魂』及月日之靈魂性的『女性魂』，同時也檢查是否處於『運衰厄生期』（請參照第四章），再過著『滿華運勢期』的生活。

『疾苦運勢期』

①、是屬於運勢期的强勢稍微下降的時期。在經濟方面會產生一些問題，如果過於牽强的運用金錢，將會帶來不好的影響。雖在健康方面没有什麼太大的疾病，可是在前二年期間的疲勞已到達界限，肉體呈現疲態，做任何事情都不能很積極，不過事情不能不做，因此常會失敗或不順利。

②、夫妻之感情陷入倦怠期，彼此的對話不投機，丈夫想嘗試新的事物，且陷入「疾苦運勢期」的妳無法幫助丈夫，所以不要太牽强的去進行比較明智，至於家庭成員至海外旅行則更不好了。

③、因成爲家庭中心的妳的運勢慢慢地下降，因此，會患病或者因注意力不集中而發生事故、受傷等，所以在生活上必須特別謹慎才好。總之，動不如靜，凡事以多休息爲上策，且反省過去四、五年之間所做過的事，以期回歸原點重新再來的心情是很重要的。

例如，這時期的妳便宛如紫藤的藤蔓生長過長，而從支架叢生的狀態，因此，必須將藤用繩好好的綁妥才是。

④、通常這段時期會碰上較奇怪的事，或他人無法理解的體驗，如遇上多年不見的人或完全斷音訊的朋友突然寫信給妳，或突然調職、搬家等。如果妳有女兒，則女兒受妳的影響之勢也會下降，但對男孩子則較無啥影響。

⑤、請先查出出生年之「星魂」及月日之靈魂性的「女性魂」，同時也檢查是否處於「運衰厄生期」（請參照第四章），再過著「疾苦運勢期」的生活。

「成熟運勢期」

①、自然界的萬物有流動、波浪、停滯、吹動、噴火等各種表現，而運勢期也如同流、波、滯、吹、噴等的現象來表現各種運勢。

「成熟運勢期」以運勢期之周期性的表現而言，正是屬於「波」的狀態，波浪重重、高波、强波等各種波浪的躍動感，就是相當於這個時期，即自己的希望與願望能夠如願的時期。

②、通常，强烈的運勢會推動妳，使心所想的就能很順利地推行，可是仍會有問題產生。例如，妳的丈夫或孩子若處於壞的『運勢期』，則妳的運勢期將會被破壞，如果等待了六年的運勢期就這樣被破壞了，實在令人相當難過。（不過仍有解決的對策）。

③、在戀愛、家庭及夫妻的生活等各方面都是相當好的時期，雖說人不能太貪心，但，即使妳不貪慾，同樣也能獲得很多，每天的生活都很快樂，自身也散發出迷人的氣息，並且極想告訴他人妳正過著非常愜意的生活，不過如此一來必會遭對方之嫉妒，因此還是不談爲

妙。

④、在這段時期內，妳可以明顯的發現自己正日趨成熟，若能以多面性的方法掌握機會，將能完全體驗這最佳的運勢期，不要躊躇猶豫，應果敢決斷，必能邁向正確的方向。

⑤、請先查出出生年之『星魂』及月日之靈魂性的『女性魂』，同時也檢查是否處於『運衰厄生期』（請參照第四章），再過著『成熟運勢期』的生活。

「狂迷運勢期」

①、在這運勢期內切記不可輕舉妄動，愈動愈容易產生問題。例如，被信賴的人背叛，對他人的信賴感完全喪失等。妳的精神也顯得十分萎靡，雖然極度忍耐，仍感到十分迷惑，對任何事情都喪失自信，什麼事也不想做，即使連身旁的丈夫、孩子們，也都會統統捲入這種狀況。

②、夫妻間的愛情會產生陰影，性方面也會產生問題，同性之間的友誼會產生摩擦，對方完全無法了解妳的想法，做任何事都不會順利，因此，容易感到焦躁或向他人發洩不滿的情緒，爲此應該特別注意。

③、通常這時期的生活狀況會比較不安定，所以工作、生意會不太順利，未婚者無法結婚，也不能在這時期戀愛，應該自我控制，以過這段「狂迷運勢期」。

要是妳是職業女性，反而會對平常較不顧慮之事也感到十分在乎，有時公司的男性對妳的好意或讚美，反而使妳感到不愉快，因此，必須要好好地控制自己，同時也避免困擾他人，慎重地過日子。

④、會忘記重要的事情或遺失東西。在這段運勢期所遺失的東西絶對不會再找回，且不僅是遺失東西而已，如會喪失精神上支助妳的好友、丈夫、情人等，自己彷彿走入迷宮一般，失去了方向。

同時，連寵物（狗、貓、鳥等）也都會對妳較冷淡，是屬於必須克制忍耐的時期。爲此可以去學書法，使內心穩定。

⑤、請先查出出生年之『星魂』及月日之靈魂性的『女性魂』，同時也檢查是否處於『運勢厄生期』（請參照第四章），再過著『狂迷運衰期』的生活。

「回歸運勢期」

①、此運勢期是屬於妳會感覺到有人在妳後面推一把般，具有神奇力量的運勢期。例如，以爲就職機會已經無望，結果對方竟然會來挖角，或對現職沒有不滿，可是突然有可以轉業到更理想的職位的工作機會，且似這種良好的機會源源不絕。在「狂迷運勢期」時，妳與朋友或丈夫之間的距離、隔閡，如今藉著周期的循環，情況已大有變化。總之，在「回歸運勢期」這段時期，一切都會非常順利。

②、過去無論多認真去做無法達成的事，一旦到了回歸運勢期時，或許可以考慮再次嘗試做看看，絕對會比較容易推展。同時戀情方面也有很大改變，原本可能已與妳分手的情人，又再度和妳聯絡，此時期是復緣的最佳時機，應該要坦誠接受對方。

③、同性可以互相計劃共創事業，此是妳心中願望能夠付諸實現的時期，而且原本與妳相處得不太和睦的婆婆，也能夠改變態度，與妳和平相處（總之順其自然即可）。

④、對任何事情不要太過執著於過去的失敗，應再次挑戰才是。例如，在生意上不是很

賺錢的店鋪，在此時期可以考慮到新的場所看看，因爲這是新開張的最好時期。只要好好檢討過去的失敗，一切都可在這「回歸運勢期」內重新開始。

⑤、請先查出出生年之『星魂』及月日之靈魂性的『女性魂』，同時也檢查是否處於『運衰厄生期』（請參照第四章），再過著『回歸運衰期』的生活。

『貯藏運勢期』

①、在此時期後就會迎接可怕的「壞亂魂層」時期，壞亂魂層的惡運將會波及妳的運勢，因此必須利用這六個月振作精神，好好地過生活。

「貯藏運勢期」就是自我本身去嘗試經濟判斷力的時期。雖說貯藏並非只是儲存金錢而已，但此卻是面對一年後所來臨之惡的運勢期，將一切都加以儲蓄妥善的時期。不僅是錢，即使在肉體的健康層面上，也應該儘量避免生病，或儲蓄熱能。

②、避免人際關係上發生問題，一切應該好好地調整。平常就有的困惑的現象，在貯藏運勢期會更嚴重。例如，在購物方面的虛榮心，購買土地、購買房屋、新舊車等都必須禁止。

③、至於未婚者，在此時期即使相親也不太合適，應該要加以婉拒。如果在此運勢期決定就職，以後也必須改行才好。

④、本來與朋友之間的交往都毫無顧忌，但是必須耗費金錢的人際關係，還是儘量控制

才好。在此時期，內心往往起伏不定，若是未婚者多因無戀人而感到寂寞，往往尚未過好萬全的顧慮，便輕易地接受男性的邀請，但是在此一時期出現的男性多半都有問題，所以寧可寂寞也必須忍耐。至於金錢的使用上，對於有意義或無意義的使用要區分清楚。

⑤、請先查出出生年之『星魂』及月日之靈魂性的『女性魂』，同時也檢查是否處於『運衰厄生期』（請參照第四章），再過著『貯藏運衰期』的生活。

「靜穩運勢期」

①、可將運勢期比喻為四季，如有剛吐嫩芽，和煦明朗的春光浪漫之時期；雨季不斷，陽光炙烈的炎炎夏日；蕭瑟傷感，枯葉紛落之涼秋；或是嚴寒酷冷，漫天飛雪的寒冬，像這般只是一年間自然萬物變化的景象，便有好幾種，其運勢期都是六年一輪的，也會同四季一般產生不同的現象。

對妳而言，「靜穩運勢期」相當於秋的季節，所以在靜穩時期應該不要胡鬧，而應保持平靜才是，因為是屬於「心」的時期。

②、要慎終追遠，祭拜祖先，不要用電話聯絡朋友，應以寫信的方式問候比較有親切感。可以嘗試送禮給婆婆，或是改變一下家中的裝璜。另外，也應該慎重考慮孩子的未來。

③、尚未結婚時，應該要考慮結婚後自己是否能成為良妻，或者當一個妻子必須做些什麼。婚後必會生子，因此要有當妻子與母親的心理準備，即必須考慮身為一個母親的責任為何。一旦過了長久的婚姻生活，便必須認真考慮老年生活，趁年輕時做長遠的計劃最要緊。

人無時無刻都在活動，但要以精神層面爲生活的重心，一面反省一面安穩地過生活才是「靜穩運勢期」的對應態度。

④、人的煩惱都是源自於慾望、嫉妒、願望、奢侈、性慾等，我並不主張應完全將這些煩惱排除或拋棄，也不可能將這些煩惱消除的，可是要有努力使這些煩惱靜穩下來之精神，因爲再過六個月後，可怕的「壞亂魂層」就即將來臨了。

⑤、請先查出出生年之「星魂」及月日之靈魂性的「女性魂」，同時也檢查是否處於「運衰厄生期」（請參照第四章），再過著「靜穩運衰期」的生活。

「暗溝運勢期」（前期、壞亂魂層）

①、目前妳正處於嚴重的「壞亂魂層」之時期，妳的人生之運勢逐漸衰退，過去的自己會消失無蹤，慢慢地迷失自我。

問題不斷叢生，且妳完全無法判斷如何去應對這些問題，前途一片晦暗，好像有深陷迷宮的狀態，萬事受阻礙而難達成，雖想突破但束手無策，捲入人們最厭惡的惡性漩渦之中。

②、所信賴的人會背判妳，且毫不清楚他們背叛的動機。在人際關係方面，妳周圍的人對妳的看法會改變。雖然妳覺得自己並沒有做壞事，但實際上妳已逐漸變壞，正如所謂的「以牙還牙」一般，在不知不覺中妳也同妳周圍的人一樣的行動，來回報他人、批評他人，無形中便使對方產生嫌惡之心，使妳的人際關係愈來愈孤立，而傷害到自我的自尊心。

③、工作、戀愛、夫婦及家庭之間的感情會起波折，於是妳開始憎恨他人，將一切的霉運都歸咎於社會。

丈夫漸漸對妳冷淡，有可能產生外遇問題，甚至於離婚等都會發生在這段「暗溝運勢期」（前期・壞亂魂層）。

④、即使是孩子們，也產生拒絕上學或變成不良少年，因爲當母親的妳正處於「暗溝運勢期」，所以會直接影響到妳的家庭。在這段期間，妳的內心一直無法平靜，即使採取任何措施，都會造成反效果（不過仍有解決的對策）。

⑤、請先查出出生年之『星魂』及月日之靈魂性的『女性魂』，同時也檢查是否處於『運衰厄生期』（請參照第四章），再過著『暗溝運勢期』的生活。

「沈滯運勢期」（最激期、壞亂魂層）

①、此是以六年爲一周期的運勢期中，最不好的時期。六年期間的「暗溝運勢期」、「沈滯運勢期」、「衰勢運勢期」分別是壞亂魂層的「前期」、「最激期」及「後期」，而且以「沈滯運勢期」爲最差的時期。

②、在這段期間，可能會面臨父母死亡、孩子及家人因發生事故至死，本身罹患不治之症、或突然離婚，孩子無法升學、遭遇大災難、婚外情曝光、丈夫的經濟能力崩潰、家族離散等問題，且完全沒有解決的方針。

③、經濟狀況邁入谷底，毫無收入且內心感到空虛，有時連求生的意志都喪失了，且愈來愈頹廢，甚至連積蓄也都用罄。一切行動都徒勞無功，即使下定決心想突破困境，也只是白費力氣罷了。

此時，無人能協助妳或過問妳的生活，在妳的周圍完全沒有歡笑聲，家庭成員也很少交談，連生命都受到威脅，即有可能突然死亡的危險。

④、過去妳所造成的惡業（不論妳本身有否意識）會一口氣蹦出，妳必須慢慢地受到制裁，想在這時期尋找轉機是毫不可能的。

⑤、請先查出出生年之「星魂」及月日之靈魂性的「女性魂」，同時也檢查是否處於「運衰厄生期」（請參照第四章），再過著「沈滯運勢期」的生活。

『衰勢運勢期』（後期、壞亂魂層）

①、前已過完一年的前期・壞亂魂層的「暗溝運勢期」及最激期・壞亂魂層的「沈滯運勢期」，目前即邁入最後的時期・壞亂魂層的「衰勢運勢期」。這半年期間若能平安的渡過，將會邁入「因生運勢期」。但此刻切記不可掉以輕心，因妳目前仍處於壞亂魂層，因此仍需謹慎地過日子，唯有萬事多注意、小心防範，才是跨越此時期最重要的關鍵。

②、由於親朋好友不斷地發生不幸，於是連自身也感到相當危險，然無論如何，對現況不能表現不滿，必須多加忍耐。在妳周圍的人會對妳提出新的計劃，但此乃陷阱，絕對不能接受，同時也不能吝惜金錢的使用，認爲有必要就不要太過節省，總之，有意義的使用金錢最重要。

③、半年後即會邁入「因生運勢期」，爲此可做好心理上的準備，如果能夠好好地過這段壞亂魂層的後期，則接下來的「因生運勢期」才能夠發揮它的功效。

④、愛情及經濟方面全無展望，一切事情都必須慎重去對應，如果一味堅持己見去行動

，將會產生不良的後果。即使是職業女性想要另謀他職，也必須心平氣和地仔細思考，在後半年的「因生運勢期」應該做些什麼才好，總之，凡事要多忍耐。

⑤、請先查出出生年之『星魂』及月日之靈魂性的『女性魂』，同時也檢查是否處於「運衰厄生期」（請參照第四章），再過著「衰勢運勢期」的生活。

●有關『壞亂魂層』的說明

①、因生運勢期
②、成育運勢期
③、滿華運勢期
④、疾苦運勢期
⑤、成熟運勢期
⑥、狂迷運勢期
⑦、回歸運勢期
⑧、貯藏運勢期
⑨、靜穩運勢期
⑩、暗溝運勢期（前期・壞亂魂層）

⑪沈滯運勢期（最激期．壞亂魂層）

⑫衰勢運勢期（後期．壞亂魂層）

如前所述的運勢期都有周期，但必須特別留意的是後面三個運勢期。

⑩暗溝運勢期

⑪沈滯運勢期

⑫衰勢運勢期

本來這三個運勢期是不好的，因其屬於壞亂魂層，即完全陷入困境。

正如時針朝反方向逆走一般，運勢會空轉，或如一個人住在廢墟之中，以爲自己走向右方結果反而朝左，以爲自己往上結果朝下，以爲能賺錢結果反而透支，以爲得到結果反而失去，就這樣一直朝壞的方向循環不已。

所謂的「運」，有讓人能順利推展的好運、幸運，但也可能是令人陷入困境的霉運、惡運。而『壞亂魂層』正代表著不好之運氣，即運氣背道而馳。

最可怕的是，可能連人的生命都將受到威脅。

一切的運勢期都隨著時間的變化而更換，因此，不了解其實體而過著生活與了解實體地過生活，其人生會有很大的差距。在這時期多有波折，因此必須熟知此運勢期之變化，謹慎地過日子。

6年周期、12期、運勢期表

1993年12月15日～1994年6月14日	
成熟運勢期	①感情女性魂　實行型　陽明魂（十二月十五日～一月十四日出生）
狂迷運勢期	②感情女性魂　實行型　靜閒魂（一月十五日～二月十四日出生）
回歸運勢期	③感情女性魂　知覺型　陽明魂（二月十五日～三月十六日出生）
貯藏運勢期	④感情女性魂　知覺型　靜閒魂（三月十七日～四月十六日出生）
靜穩運勢期	⑤實行女性魂　感情型　陽明魂（四月十七日～五月十六日出生）
暗溝運勢期	⑥實行女性魂　感情型　靜閒魂（五月十七日～六月十四日出生）
沈滯運勢期	⑦實行女性魂　知覺型　陽明魂（六月十五日～七月十四日出生）
衰勢運勢期	⑧實行女性魂　知覺型　靜閒魂（七月十五日～八月十四日出生）
因生運勢期	⑨知覺女性魂　實行型　陽明魂（八月十五日～九月十四日出生）
成育運勢期	⑩知覺女性魂　實行型　靜閒魂（九月十五日～十月十四日出生）
滿華運勢期	⑪知覺女性魂　感情型　陽明魂（十月十五日～十一月十四日出生）
疾苦運勢期	⑫知覺女性魂　感情型　靜閒魂（十一月十五日～十二月十四日出生）

6年周期、12期、運勢期表

1994年6月15日～1994年12月14日				
狂迷運勢期	①感情女性魂	實行型	陽明魂	（十二月十五日～一月十四日出生）
回歸運勢期	②感情女性魂	實行型	靜閒魂	（一月十五日～二月十四日出生）
貯藏運勢期	③感情女性魂	知覺型	陽明魂	（二月十五日～三月十六日出生）
靜穩運勢期	④感情女性魂	知覺型	靜閒魂	（三月十七日～四月十六日出生）
暗溝運勢期	⑤實行女性魂	感情型	陽明魂	（四月十七日～五月十六日出生）
沈滯運勢期	⑥實行女性魂	感情型	靜閒魂	（五月十七日～六月十四日出生）
衰勢運勢期	⑦實行女性魂	知覺型	陽明魂	（六月十五日～七月十四日出生）
因生運勢期	⑧實行女性魂	知覺型	靜閒魂	（七月十五日～八月十四日出生）
成育運勢期	⑨知覺女性魂	實行型	陽明魂	（八月十五日～九月十四日出生）
滿華運勢期	⑩知覺女性魂	實行型	靜閒魂	（九月十五日～十月十四日出生）
疾苦運勢期	⑪知覺女性魂	感情型	陽明魂	（十月十五日～十一月十四日出生）
成熟運勢期	⑫知覺女性魂	感情型	靜閒魂	（十一月十五日～十二月十四日出生）

6 年周期、12期、運勢期表

1994年12月15日～1995年6月14日											
回歸運勢期	貯藏運勢期	靜穩運勢期	暗溝運勢期	沈滯運勢期	衰勢運勢期	因生運勢期	成育運勢期	滿華運勢期	疾苦運勢期	成熟運勢期	狂迷運勢期
①感情女性魂 實行型 陽明魂（十二月十五日～一月十四日出生）	②感情女性魂 實行型 靜閒魂（一月十五日～二月十四日出生）	③感情女性魂 知覺型 陽明魂（二月十五日～三月十六日出生）	④感情女性魂 知覺型 靜閒魂（三月十七日～四月十六日出生）	⑤實行女性魂 感情型 陽明魂（四月十七日～五月十六日出生）	⑥實行女性魂 感情型 靜閒魂（五月十七日～六月十四日出生）	⑦實行女性魂 知覺型 陽明魂（六月十五日～七月十四日出生）	⑧實行女性魂 知覺型 靜閒魂（七月十五日～八月十四日出生）	⑨知覺女性魂 實行型 陽明魂（八月十五日～九月十四日出生）	⑩知覺女性魂 實行型 靜閒魂（九月十五日～十月十四日出生）	⑪知覺女性魂 感情型 陽明魂（十月十五日～十一月十四日出生）	⑫知覺女性魂 感情型 靜閒魂（十一月十五日～十二月十四日出生）

6年周期、12期、運勢期表

1995年6月15日～1995年12月14日		
貯藏運勢期	①感情女性魂	實行型　陽明魂（十二月十五日～一月十四日出生）
靜穩運勢期	②感情女性魂	實行型　靜閒魂（一月十五日～二月十四日出生）
暗溝運勢期	③感情女性魂	知覺型　陽明魂（二月十五日～三月十六日出生）
沈滯運勢期	④感情女性魂	知覺型　靜閒魂（三月十七日～四月十六日出生）
衰勢運勢期	⑤實行女性魂	感情型　陽明魂（四月十七日～五月十六日出生）
因生運勢期	⑥實行女性魂	感情型　靜閒魂（五月十七日～六月十四日出生）
成育運勢期	⑦實行女性魂	知覺型　陽明魂（六月十五日～七月十四日出生）
滿華運勢期	⑧實行女性魂	知覺型　靜閒魂（七月十五日～八月十四日出生）
疾苦運勢期	⑨知覺女性魂	實行型　陽明魂（八月十五日～九月十四日出生）
成熟運勢期	⑩知覺女性魂	實行型　靜閒魂（九月十五日～十月十四日出生）
狂迷運勢期	⑪知覺女性魂	感情型　陽明魂（十月十五日～十一月十四日出生）
回歸運勢期	⑫知覺女性魂	感情型　靜閒魂（十一月十五日～十二月十四日出生）

6年周期、12期、運勢期表

1995年12月15日～1996年6月14日	
靜穩運勢期	①感情女性魂　實行型　陽明魂（十二月十五日～一月十四日出生）
暗溝運勢期	②感情女性魂　實行型　靜閒魂（一月十五日～二月十四日出生）
沈滯運勢期	③感情女性魂　知覺型　陽明魂（二月十五日～三月十六日出生）
衰勢運勢期	④感情女性魂　知覺型　靜閒魂（三月十七日～四月十六日出生）
因生運勢期	⑤實行女性魂　感情型　陽明魂（四月十七日～五月十六日出生）
成育運勢期	⑥實行女性魂　感情型　靜閒魂（五月十七日～六月十四日出生）
滿華運勢期	⑦實行女性魂　知覺型　陽明魂（六月十五日～七月十四日出生）
疾苦運勢期	⑧實行女性魂　知覺型　靜閒魂（七月十五日～八月十四日出生）
成熟運勢期	⑨知覺女性魂　實行型　陽明魂（八月十五日～九月十四日出生）
狂迷運勢期	⑩知覺女性魂　實行型　靜閒魂（九月十五日～十月十四日出生）
回歸運勢期	⑪知覺女性魂　感情型　陽明魂（十月十五日～十一月十四日出生）
貯藏運勢期	⑫知覺女性魂　感情型　靜閒魂（十一月十五日～十二月十四日出生）

6年周期、12期、運勢期表

1996年6月15日～1996年12月14日	
暗溝運勢期	①感情女性魂　實行型　陽明魂（十二月十五日～一月十四日出生）
沈滯運勢期	②感情女性魂　實行型　靜閒魂（一月十五日～二月十四日出生）
衰勢運勢期	③感情女性魂　知覺型　陽明魂（二月十五日～三月十六日出生）
因生運勢期	④感情女性魂　知覺型　靜閒魂（三月十七日～四月十六日出生）
成育運勢期	⑤實行女性魂　感情型　陽明魂（四月十七日～五月十六日出生）
滿華運勢期	⑥實行女性魂　感情型　靜閒魂（五月十七日～六月十四日出生）
疾苦運勢期	⑦實行女性魂　知覺型　陽明魂（六月十五日～七月十四日出生）
成熟運勢期	⑧實行女性魂　知覺型　靜閒魂（七月十五日～八月十四日出生）
狂迷運勢期	⑨知覺女性魂　實行型　陽明魂（八月十五日～九月十四日出生）
回歸運勢期	⑩知覺女性魂　實行型　靜閒魂（九月十五日～十月十四日出生）
貯藏運勢期	⑪知覺女性魂　感情型　陽明魂（十月十五日～十一月十四日出生）
靜穩運勢期	⑫知覺女性魂　感情型　靜閒魂（十一月十五日～十二月十四日出生）

6年周期、12期、運勢期表

1996年12月15日～1997年6月14日	
沈滯運勢期	①感情女性魂　實行型　陽明魂（十二月十五日～一月十四日出生）
衰勢運勢期	②感情女性魂　實行型　靜閒魂（一月十五日～二月十四日出生）
因生運勢期	③感情女性魂　知覺型　陽明魂（二月十五日～三月十六日出生）
成育運勢期	④感情女性魂　知覺型　靜閒魂（三月十七日～四月十六日出生）
滿華運勢期	⑤實行女性魂　感情型　陽明魂（四月十七日～五月十六日出生）
疾苦運勢期	⑥實行女性魂　感情型　靜閒魂（五月十七日～六月十四日出生）
成熟運勢期	⑦實行女性魂　知覺型　陽明魂（六月十五日～七月十四日出生）
狂迷運勢期	⑧實行女性魂　知覺型　靜閒魂（七月十五日～八月十四日出生）
回歸運勢期	⑨知覺女性魂　實行型　陽明魂（八月十五日～九月十四日出生）
貯藏運勢期	⑩知覺女性魂　實行型　靜閒魂（九月十五日～十月十四日出生）
靜穩運勢期	⑪知覺女性魂　感情型　陽明魂（十月十五日～十一月十四日出生）
暗溝運勢期	⑫知覺女性魂　感情型　靜閒魂（十一月十五日～十二月十四日出生）

6年周期、12期、運勢期表

1997年6月15日～1997年12月14日	
衰勢運勢期	①感情女性魂　實行型　陽明魂（十二月十五日～一月十四日出生）
因生運勢期	②感情女性魂　實行型　靜閒魂（一月十五日～二月十四日出生）
成育運勢期	③感情女性魂　知覺型　陽明魂（二月十五日～三月十六日出生）
滿華運勢期	④感情女性魂　知覺型　靜閒魂（三月十七日～四月十六日出生）
疾苦運勢期	⑤實行女性魂　感情型　陽明魂（四月十七日～五月十六日出生）
成熟運勢期	⑥實行女性魂　感情型　靜閒魂（五月十七日～六月十四日出生）
狂迷運勢期	⑦實行女性魂　知覺型　陽明魂（六月十五日～七月十四日出生）
回歸運勢期	⑧實行女性魂　知覺型　靜閒魂（七月十五日～八月十四日出生）
貯藏運勢期	⑨知覺女性魂　實行型　陽明魂（八月十五日～九月十四日出生）
靜穩運勢期	⑩知覺女性魂　實行型　靜閒魂（九月十五日～十月十四日出生）
暗溝運勢期	⑪知覺女性魂　感情型　陽明魂（十月十五日～十一月十四日出生）
沈滯運勢期	⑫知覺女性魂　感情型　靜閒魂（十一月十五日～十二月十四日出生）

6年周期、12期、運勢期表

1997年12月15日～1998年6月14日

因生運勢期	①感情女性魂	實行型	陽明魂（十二月十五日～一月十四日出生）
成育運勢期	②感情女性魂	實行型	靜閒魂（一月十五日～二月十四日出生）
滿華運勢期	③感情女性魂	知覺型	陽明魂（二月十五日～三月十六日出生）
疾苦運勢期	④感情女性魂	知覺型	靜閒魂（三月十七日～四月十六日出生）
成熟運勢期	⑤實行女性魂	感情型	陽明魂（四月十七日～五月十六日出生）
狂迷運勢期	⑥實行女性魂	感情型	靜閒魂（五月十七日～六月十四日出生）
回歸運勢期	⑦實行女性魂	知覺型	陽明魂（六月十五日～七月十四日出生）
貯藏運勢期	⑧實行女性魂	知覺型	靜閒魂（七月十五日～八月十四日出生）
靜穩運勢期	⑨知覺女性魂	實行型	陽明魂（八月十五日～九月十四日出生）
暗溝運勢期	⑩知覺女性魂	實行型	靜閒魂（九月十五日～十月十四日出生）
沈滯運勢期	⑪知覺女性魂	感情型	陽明魂（十月十五日～十一月十四日出生）
衰勢運勢期	⑫知覺女性魂	感情型	靜閒魂（十一月十五日～十二月十四日出生）

6年周期、12期、運勢期表

1998年6月15日～1998年12月14日	
成育運勢期	①感情女性魂　實行型　陽明魂（十二月十五日～一月十四日出生）
滿華運勢期	②感情女性魂　實行型　靜閒魂（一月十五日～二月十四日出生）
疾苦運勢期	③感情女性魂　知覺型　陽明魂（二月十五日～三月十六日出生）
成熟運勢期	④感情女性魂　知覺型　靜閒魂（三月十七日～四月十六日出生）
狂迷運勢期	⑤實行女性魂　感情型　陽明魂（四月十七日～五月十六日出生）
回歸運勢期	⑥實行女性魂　感情型　靜閒魂（五月十七日～六月十四日出生）
貯藏運勢期	⑦實行女性魂　知覺型　陽明魂（六月十五日～七月十四日出生）
靜穩運勢期	⑧實行女性魂　知覺型　靜閒魂（七月十五日～八月十四日出生）
暗溝運勢期	⑨知覺女性魂　實行型　陽明魂（八月十五日～九月十四日出生）
沈滯運勢期	⑩知覺女性魂　實行型　靜閒魂（九月十五日～十月十四日出生）
衰勢運勢期	⑪知覺女性魂　感情型　陽明魂（十月十五日～十一月十四日出生）
因生運勢期	⑫知覺女性魂　感情型　靜閒魂（十一月十五日～十二月十四日出生）

6年周期、12期、運勢期表

1998年12月15日～1999年6月14日				
滿華運勢期	①感情女性魂	實行型	陽明魂	（十二月十五日～一月十四日出生）
疾苦運勢期	②感情女性魂	實行型	靜閒魂	（一月十五日～二月十四日出生）
成熟運勢期	③感情女性魂	知覺型	陽明魂	（二月十五日～三月十六日出生）
狂迷運勢期	④感情女性魂	知覺型	靜閒魂	（三月十七日～四月十六日出生）
回歸運勢期	⑤實行女性魂	感情型	陽明魂	（四月十七日～五月十六日出生）
貯藏運勢期	⑥實行女性魂	感情型	靜閒魂	（五月十七日～六月十四日出生）
靜穩運勢期	⑦實行女性魂	知覺型	陽明魂	（六月十五日～七月十四日出生）
暗溝運勢期	⑧實行女性魂	知覺型	靜閒魂	（七月十五日～八月十四日出生）
沈滯運勢期	⑨知覺女性魂	實行型	陽明魂	（八月十五日～九月十四日出生）
衰勢運勢期	⑩知覺女性魂	實行型	靜閒魂	（九月十五日～十月十四日出生）
因生運勢期	⑪知覺女性魂	感情型	陽明魂	（十月十五日～十一月十四日出生）
成育運勢期	⑫知覺女性魂	感情型	靜閒魂	（十一月十五日～十二月十四日出生）

6年周期、12期、運勢期表

1999年6月15日～1999年12月14日

疾苦運勢期	①感情女性魂　實行型　陽明魂（十二月十五日～一月十四日出生）
成熟運勢期	②感情女性魂　實行型　靜閒魂（一月十五日～二月十四日出生）
狂迷運勢期	③感情女性魂　知覺型　陽明魂（二月十五日～三月十六日出生）
回歸運勢期	④感情女性魂　知覺型　靜閒魂（三月十七日～四月十六日出生）
貯藏運勢期	⑤實行女性魂　感情型　陽明魂（四月十七日～五月十六日出生）
靜穩運勢期	⑥實行女性魂　感情型　靜閒魂（五月十七日～六月十四日出生）
暗溝運勢期	⑦實行女性魂　知覺型　陽明魂（六月十五日～七月十四日出生）
沈滯運勢期	⑧實行女性魂　知覺型　靜閒魂（七月十五日～八月十四日出生）
衰勢運勢期	⑨知覺女性魂　實行型　陽明魂（八月十五日～九月十四日出生）
因生運勢期	⑩知覺女性魂　實行型　靜閒魂（九月十五日～十月十四日出生）
成育運勢期	⑪知覺女性魂　感情型　陽明魂（十月十五日～十一月十四日出生）
滿華運勢期	⑫知覺女性魂　感情型　靜閒魂（十一月十五日～十二月十四日出生）

6年周期、12期、運勢期表

1999年12月15日～2000年6月14日	
成熟運勢期	①感情女性魂　實行型　陽明魂（十二月十五日～一月十四日出生）
狂迷運勢期	②感情女性魂　實行型　靜閒魂（一月十五日～二月十四日出生）
回歸運勢期	③感情女性魂　知覺型　陽明魂（二月十五日～三月十六日出生）
貯藏運勢期	④感情女性魂　知覺型　靜閒魂（三月十七日～四月十六日出生）
靜穩運勢期	⑤實行女性魂　感情型　陽明魂（四月十七日～五月十六日出生）
暗溝運勢期	⑥實行女性魂　感情型　靜閒魂（五月十七日～六月十四日出生）
沈滯運勢期	⑦實行女性魂　知覺型　陽明魂（六月十五日～七月十四日出生）
衰勢運勢期	⑧實行女性魂　知覺型　靜閒魂（七月十五日～八月十四日出生）
因生運勢期	⑨知覺女性魂　實行型　陽明魂（八月十五日～九月十四日出生）
成育運勢期	⑩知覺女性魂　實行型　靜閒魂（九月十五日～十月十四日出生）
滿華運勢期	⑪知覺女性魂　感情型　陽明魂（十月十五日～十一月十四日出生）
疾苦運勢期	⑫知覺女性魂　感情型　靜閒魂（十一月十五日～十二月十四日出生）

第四章

比厄運年更可怕的「運衰厄生期」的秘密

——運勢最惡及最佳的時期

●厄運沒有根據

『運衰厄生期』是人人都無法避免的時期，在這段時期內有發生嚴重危險事故的可能，如履薄冰，必須特別注意。

「請問羅門先生，前些日子家母曾告訴我『妳今年已三十二歲，正邁進女性的「前厄」時期，因此最好去改前厄祓運』，然而改前厄祓運會比較好嗎？」

此女以不安的顏色問我，這問題確實挺重要，必須多加理解。

「其實，古來便有很多有關『厄運』的傳說，請各位不必擔心。譬如，以前的村落很多，在各村都有村長，除了村長外，還有『官員』，所謂的官員是每年由村人交替擔任的，其任務非常複雜，如和解夫妻吵架，準備祭禮場面，房屋重建的安排，當媒人及神社的幹事等，有關村人的事一切都要張羅。」

「先生，那女性也要擔任這項工作嗎？」

「不，女人不必，一切都是男性負責，聽說一旦擔任官員，則自己份內的工作往往無法勝任，因爲只要村人一發生事情，則必須馬上去調理，因此往往會說『我今年當役，所以每天很忙，如果明年換你，也會如此的』，由於工作忙碌且沒有任何的好處，所以只要輪到當『役』，人人都會很厭煩，因而視『役』爲『厄事』，後來，『役』就直接被稱爲『厄事』

了。」

「那麼說原本厄事不是指遭遇到災難的厄運年份囉？」

「由於對當官的人而言，確實是麻煩的一年，故稱爲厄年，所以在那年中，不論是哪個日子都要謹慎地過日子。」

「據說女人的厄運年是三十三歲，男人是四十二歲。」

「對，確實有此說法，女性據說是十九歲或三十三歲，而是男性則爲二十五歲或四十二歲。」

「先生，爲什麼女三十三歲，男四十二歲會被視爲厄運年呢？」

「這不過是諧音罷了。例如，三和三表示慘澹，男方的四十二則表示死亡。在日本中世紀的鎌倉中期左右曾出版過一本書『拾芥抄』（編者爲洞院公賢，該書是描寫有關歲時，文學、風俗、官位、國郡、吉凶、天文、地理等的百科書籍，以漢文記載），內有提及厄年，認爲男女之厄年爲十三歲、二十五歲、三十七歲、六十一歲、八十五歲、九十九歲等，但不知不覺中，這種說法便消失了。」

「尚有其他有關厄年的說法嗎？」

「當然有。在長崎的對馬島上，正月、五月、九月被視爲厄月，以全國的習俗來看，農曆的二月九日是山神的厄日。」

「那麼先生，自古傳下來的厄年說法不過是傳說而已囉。」

「對，多是傳說性質。到了一九四五年之前，一般來說厄年多以虛歲算，可是現在多以足歲來計算，因爲泰半屬傳說，所以會常變更。」

●轉變為好的方向的「星魂變革」

「面對厄年的時候，我們應該要如何對應呢？」

「這種厄運期與前所述的運勢期完全不同，不過每個人都會碰上這種時期。」

「先生，那麼說我也有可能面臨這種厄運期囉。」

「是的，而且必須非常注意此三年期間的運勢期面臨『運衰厄生期』。本來，這應該稱之爲『害』而不是『厄』，可是爲了使各位能更深入的了解，所以才使用『厄』這個字。」

「這大約會發生在幾歲的時候？」

「那會依不同的出生年月日之『女性魂』而有所不同。在連續三年的『運衰厄生期』之後，會出現五年的『平穩安泰期』，接著又面臨三年的『運衰厄生期』。通常『平穩安泰期』的第一年爲『平穩期』、第二年爲『前良期』、第三年爲最好的年份『最良期』、第四年爲『後良期』、第五年爲『平穩期』、過了這五年後，又回到『運衰厄生期』，下面即列表說明。」

運衰厄生期「前弱期」
「最强期」
「後弱期」
平穩安泰期「平穩期」
「前良期」
「最良期」
「後良期」
「平穩期」
運衰厄生期「前弱期」
「最强期」
「後弱期」
平穩安泰期「平穩期」
「前良期」
「最良期」
「後良期」
「平穩期」

「如這表一般，先有三年的運衰厄生期，再連接五年的平穩時期，之後又面臨了運衰厄生期。」

「先生，厄期也有分前厄、本厄、後厄嗎？」

「其並非如她母親所説的那樣，不過確實有分成『前弱期』、『最强期』，以及『後弱期』這三種時期。」

「先生，當面臨『運衰厄生期』時，我必須前來改運嗎？」

「一般而言，通俗的改運形式是完全不需要的。」

「可是在這麼惡劣的時期，我是否應該採取某些行動？」

「確實必須有所戒備。目前若是處於『前弱期』，則明年就會面臨運衰厄生期的『最强期』，所以有必要爲『最强期』做好準備。例如，若想避免在『最强期』生孩子，則處於『前弱期』時就應該避免懷孕。」

「先生，是否在『前弱期』、『後弱期』也儘量不要生孩子會比較好？」

「運衰厄生期會延續三年，所以不可能在這三年期都不生孩子。在『前弱期』、『後弱期』生孩子較無所謂，但是在『最强期』，則絕對必須避免了。」

「可是先生，如果已經生了的人應該如何？」

「這就會比較麻煩了。當母親處於『最强期』生下的孩子，其一生會比較艱辛，多災多難，體質虛弱多病，在學校的成績不太好，即使長大後，職業和結婚的運勢也會比較差，甚至終身與婚姻絕緣。也多半是惡緣（結婚的緣份），註定會離婚的。」

「可是有可能生孩子是在不知情的情況下。」

「也不能一概推說没有責任，因爲『人一出生責任就註定了』，此與前世的修行是有因果關係。」

「可以將出生於『最强期』的厄運，改變爲好的方向的方法嗎？」

「有，只要改變母親的星魂運因，或出生孩子的星魂運因，兩者中之一種即可。」

「只要如此就可以排除困厄的狀態嗎？」

「由於是出生於命運中的『最强期』，所以只要改變出生時期，自然會使狀況改變。」

「先生所說的『最强期』的『星魂變革』，是人人都可以改變的嗎？」

「擁有確定意識之人，我絕對替他實行『星魂變革』，可是無法替輕蔑者實行。所謂的變革即是將在『最强期』出生的厄運，與某些出生時重大的『運因』，一一加以排除。」

「先生，那我是否在母親的『最强期』出生的？同時，我的孩子是否在我的『最强期』出生的。」

「好，讓我來查查看。」

「如果我是在這時期出生或者是生孩子，那麼您能否替我做『星魂變革』？」

「自然如此。」

我調查了這位女性的「出生月日之女性魂」、「最强期」、及這位女性的母親之女性魂及其『最强期』時是否生下她，也調查了這位女性在自己的『最强期』時，是否生了孩子。

請各位也依193～194頁的表格，調查自己的『運衰厄生期』和『平穩安泰期』。

●男性星魂的運衰厄生期

「先生，男性的『運衰厄生期』和女性有什麼不同？」

「當然不同。女性的『運衰厄生期』依女性魂的類別可分爲三種。」

感情女性魂中、①②③④的女性的『運衰厄生期』是相同的。

實行女性魂中、⑤⑥⑦⑧的女性的『運衰厄生期』是相同的。

知覺女性魂中、⑨⑩⑪⑫的女性的『運衰厄生期』是相同的。

男性也依三種男性魂類別分成三種。（第195頁）

感應男性魂中、①②③④的男性的『運衰厄生期』是相同的。

行動男性魂中、⑤⑥⑦⑧的男性的『運衰厄生期』是相同的。

知想男性魂中、⑨⑩⑪⑫的男性的『運衰厄生期』是相同的。

但是感情女性魂（①②③④）的女性的『運衰厄生期』和感應男性魂（①②③④）的男性的『運衰厄生期』絕對不相同。」

「我知道了。可是先生，在這運衰厄生期中，女性和男性是否有共通的內容？」

「不論女性或男性，在『運衰厄生期』內都必須謹慎行事。例如，前面所述及的，在女性的『最强期』時切記勿生小孩；而在男性的『最强期』時，妻子也不應該生孩子。」

「先生，您非常介意孩子的問題，理由爲何？」

「屬於自己血緣的孩子，多半會繼承母親或父親的命運，因此我才會如此介意。」

「按您所說，在女性或男性的『平穩安泰期』的『最良期』內生孩子是好的囉？」

「確實如此比較理想，可是卻非常艱難的。總之，在不好的時期必須避免生孩子，因爲這是不能改變的『命運』，有關註定是壞的遭遇，若能即時知道加以避開，才是人類的最大智慧。」

「先生，人生不如意的事或壞的命運是否真的比較多呢？」

「話不能這麼說，即使好的命運也很多。通常好的方面會帶來開朗、快樂、舒暢、幸福和滿足感，但，若是壞的方面則會帶來挫折、打擊士氣、生活暗澹、經常有不安的心態、生病等等，使生活陷入艱難困厄的狀態。不過命是可以變革的，請放心。通常，人遭遇到好的事物，或陶醉在幸福之中時，絕不會將它歸因爲命運所致；然而一旦碰上倒霉的事，就會認爲說『這可能就是我的命運』、『這是宿命性的、無法避免』等等，一切都往負面的方向去思考。然而在這樣的倒霉狀態中，人一定會有所掙扎，可是掙扎是徒勞無功的，還是迅速實施『星魂變革』、才是改變命運的重要關鍵。」

「那我也能擁有幸福囉？」

「不應該只想要獲得幸福，而要有信心追求更高一層的『我絕對能夠幸福』的決心。」

女性魂的運衰厄生期

⑨知覺女性魂 實行型・陽明魂 ⑩知覺女性魂 實行型・靜閒魂 ⑪知覺女性魂 感情型・陽明魂 ⑫知覺女性魂 感情型・靜閒魂			⑤實行女性魂 感情型・陽明魂 ⑥實行女性魂 感情型・靜閒魂 ⑦實行女性魂 知覺型・陽明魂 ⑧實行女性魂 知覺型・靜閒魂			①感情女性魂 實行型・陽明魂 ②感情女性魂 實行型・靜閒魂 ③感情女性魂 知覺型・陽明魂 ④感情女性魂 知覺型・靜閒魂		
後弱期	最強期	前弱期	後弱期	最強期	前弱期	後弱期	最強期	前弱期
2歲	1歲	0歲	1歲	0歲		0歲		
10歲	9歲	8歲	9歲	8歲	7歲	8歲	7歲	6歲
18歲	17歲	16歲	17歲	16歲	15歲	16歲	15歲	14歲
26歲	25歲	24歲	25歲	24歲	23歲	24歲	23歲	22歲
34歲	33歲	32歲	33歲	32歲	31歲	32歲	31歲	30歲
42歲	41歲	40歲	41歲	40歲	39歲	40歲	39歲	38歲
50歲	49歲	48歲	49歲	48歲	47歲	48歲	47歲	46歲
58歲	57歲	56歲	57歲	56歲	55歲	56歲	55歲	54歲
66歲	65歲	64歲	65歲	64歲	63歲	64歲	63歲	62歲
74歲	73歲	72歲	73歲	72歲	71歲	72歲	71歲	70歲
82歲	81歲	80歲	81歲	80歲	79歲	80歲	79歲	78歲

女性魂的平穩安泰期

⑪知覺女性魂 感情型・靜閒魂 ⑫知覺女性魂 感情型・陽明魂 ⑩知覺女性魂 實行型・靜閒魂 ⑨知覺女性魂 實行型・陽明魂					⑧實行女性魂 知覺型・靜閒魂 ⑦實行女性魂 知覺型・陽明魂 ⑥實行女性魂 感情型・靜閒魂 ⑤實行女性魂 感情型・陽明魂					④感情女性魂 知覺型・靜閒魂 ③感情女性魂 知覺型・陽明魂 ②感情女性魂 實行型・靜閒魂 ①感情女性魂 實行型・陽明魂				
平穩期	後良期	最良期	前良期	平穩期	平穩期	後良期	最良期	前良期	平穩期	平穩期	後良期	最良期	前良期	平穩期
7歲	6歲	5歲	4歲	3歲	6歲	5歲	4歲	3歲	2歲	5歲	4歲	3歲	2歲	1歲
15歲	14歲	13歲	12歲	11歲	14歲	13歲	12歲	11歲	10歲	13歲	12歲	11歲	10歲	9歲
23歲	22歲	21歲	20歲	19歲	22歲	21歲	20歲	19歲	18歲	21歲	20歲	19歲	18歲	17歲
31歲	30歲	29歲	28歲	27歲	30歲	29歲	28歲	27歲	26歲	29歲	28歲	27歲	26歲	25歲
39歲	38歲	37歲	36歲	35歲	38歲	37歲	36歲	35歲	34歲	37歲	36歲	35歲	34歲	33歲
47歲	46歲	45歲	44歲	43歲	46歲	45歲	44歲	43歲	42歲	45歲	44歲	43歲	42歲	41歲
55歲	54歲	53歲	52歲	51歲	54歲	53歲	52歲	51歲	50歲	53歲	52歲	51歲	50歲	49歲
63歲	62歲	61歲	60歲	59歲	62歲	61歲	60歲	59歲	58歲	61歲	60歲	59歲	58歲	57歲
71歲	70歲	69歲	68歲	67歲	70歲	69歲	68歲	67歲	66歲	69歲	68歲	67歲	66歲	65歲
79歲	78歲	77歲	76歲	75歲	78歲	77歲	76歲	75歲	74歲	77歲	76歲	75歲	74歲	73歲

男性魂的運衰厄生期

⑫知想男性魂 感應型・陽明魂 ⑪知想男性魂 感應型・靜閒魂 ⑩知想男性魂 行動型・靜閒魂 ⑨知想男性魂 行動型・陽明魂			⑧行動男性魂 知想型・靜閒魂 ⑦行動男性魂 知想型・陽明魂 ⑥行動男性魂 感應型・靜閒魂 ⑤行動男性魂 感應型・陽明魂			④感應男性魂 知想型・靜閒魂 ③感應男性魂 知想型・陽明魂 ②感應男性魂 行動型・靜閒魂 ①感應男性魂 行動型・陽明魂		
後弱期	最强期	前弱期	後弱期	最强期	前弱期	後弱期	最强期	前弱期
1歲	0歲		0歲					
9歲	8歲	7歲	8歲	7歲	6歲	7歲	6歲	5歲
17歲	16歲	15歲	16歲	15歲	14歲	15歲	14歲	13歲
25歲	24歲	23歲	24歲	23歲	22歲	23歲	22歲	21歲
33歲	32歲	31歲	32歲	31歲	30歲	31歲	30歲	29歲
41歲	40歲	39歲	40歲	39歲	38歲	39歲	38歲	37歲
49歲	48歲	47歲	48歲	47歲	46歲	47歲	46歲	45歲
57歲	56歲	55歲	56歲	55歲	54歲	55歲	54歲	53歲
65歲	64歲	63歲	64歲	63歲	62歲	63歲	62歲	61歲
73歲	72歲	71歲	72歲	71歲	70歲	71歲	70歲	69歲
81歲	80歲	79歲	80歲	79歲	78歲	79歲	78歲	77歲

男性魂的平穩安泰期

①感應男性魂 行動型・陽明魂 ②感應男性魂 行動型・靜閒魂 ③感應男性魂 知想型・陽明魂 ④感應男性魂 知想型・靜閒魂					⑤行動男性魂 感應型・陽明魂 ⑥行動男性魂 感應型・靜閒魂 ⑦行動男性魂 知想型・陽明魂 ⑧行動男性魂 知想型・靜閒魂					⑨知想男性魂 行動型・陽明魂 ⑩知想男性魂 行動型・靜閒魂 ⑪知想男性魂 感應型・靜閒魂 ⑫知想男性魂 感應型・陽明魂				
平穩期	前良期	最良期	後良期	平穩期	平穩期	前良期	最良期	後良期	平穩期	平穩期	前良期	最良期	後良期	平穩期
0歲	1歲	2歲	3歲	4歲	1歲	2歲	3歲	4歲	5歲	2歲	3歲	4歲	5歲	6歲
8歲	9歲	10歲	11歲	12歲	9歲	10歲	11歲	12歲	13歲	10歲	11歲	12歲	13歲	14歲
16歲	17歲	18歲	19歲	20歲	17歲	18歲	19歲	20歲	21歲	18歲	19歲	20歲	21歲	22歲
24歲	25歲	26歲	27歲	28歲	25歲	26歲	27歲	28歲	29歲	26歲	27歲	28歲	29歲	30歲
32歲	33歲	34歲	35歲	36歲	33歲	34歲	35歲	36歲	37歲	34歲	35歲	36歲	37歲	38歲
40歲	41歲	42歲	43歲	44歲	41歲	42歲	43歲	44歲	45歲	42歲	43歲	44歲	45歲	46歲
48歲	49歲	50歲	51歲	52歲	49歲	50歲	51歲	52歲	53歲	50歲	51歲	52歲	53歲	54歲
56歲	57歲	58歲	59歲	60歲	57歲	58歲	59歲	60歲	61歲	58歲	59歲	60歲	61歲	62歲
64歲	65歲	66歲	67歲	68歲	65歲	66歲	67歲	68歲	69歲	66歲	67歲	68歲	69歲	70歲
72歲	73歲	74歲	75歲	76歲	73歲	74歲	75歲	76歲	77歲	74歲	75歲	76歲	77歲	78歲

第五章

怎麼的配偶能夠帶給妳幸運

——「姻緣」與「緣份」

●妳的「姻緣」與「緣份」

其實，緣份與姻緣是相當不簡單的事情，如果妳認爲緣份只是偶然的，那妳願意和只依「偶然」的機會，所決定的男性共渡一生嗎？

「緣」並非偶然，只是註定要認識的必然性較高罷了。曾有諺語說「世上一切的事必有其因緣」或是「緣份的力量不可思議」。《廣辭林》內有記載「（緣）男女緣份不可思議，無法以常理來判斷」。即使是任何一本書中，都不會說緣是偶然的。

通常緣份不僅是自身的問題，還包括妳與他人結合的問題，所以不能視爲偶然。

現在我們將「緣份」比喻爲「色彩」加以說明。

假定妳的「緣」是紅色的，而對方男性爲白色，如果你們結婚，紅與白調配夫妻色將成爲「粉紅色」，因此你們二個人的緣便以粉紅色來表示。當然，若是妳的紅色較白色爲強，則自然會形成紅色較深的夫妻色，如果男性的白色較强，就會成爲淡粉紅色的夫妻色。

如果妳是紫色，男方是黑色，那結合後到底會呈現什麼顏色呢？

如果妳是藍或綠，而男性爲茶色或米色時，夫妻的色彩究竟會是什麼顏色？其或許會產生不可能混合的色彩（緣）。以爲只是戀愛而已，可是若有一次不好的戀愛的緣份，將會成爲終身抱憾之事，或許會導致不信任男性，而後假如再有機會認識新的男性，可能會發生不能掌握或是被其他女性搶走的現象。

人的一生中會有很多幸福的事，其中戀愛與結婚也都是很重要的一環。

據全國統計，一年之中離婚的夫妻平均有十八萬九千對，且這個數據正逐年遽增。其實，剛結婚的夫妻是比較不會考慮離婚。

「緣」是有法則的，依『姻緣』與『緣份』而結婚，是每個人一生中非常重要的事。由於妳對「緣」是有責任心，及「人生運」和「異性運」之配合，妳才能夠邂逅最理想的緣。

妳的男性的「緣」有以下幾種：

「良緣」有魂結緣、幸緣、福緣、真緣、陽緣、輝緣六種緣份。普通的緣通稱為凡緣。至於「惡緣」有浮緣、迷緣、疑緣、惑緣、因果緣、避緣六種。

每一種緣份都有微妙的差距，雖然微妙，但對人生卻會造成極大的影響。有些女性無戀愛及結婚緣，這就是表示這樣的人的姻緣處於壞的運勢，因此必須實行『運緣變革法』。

請查明自己的「緣」、如果是處於不好的緣，或與男生的緣邂逅時屬於惡緣則應該避開。假若已經結婚且其緣份屬於惡緣，那麼只要接受『運緣變革法』，就可以過著幸福平安的日子了，所以請妳安心吧！

下頁為『姻緣』與『緣份』的表格，是女性而非男性用的『姻緣』表，所以一切以女性的立場視之。

姻緣與緣份

男性魂＼女性魂	⑫知覺女性魂 感情型・靜閒魂 十一月十五日～十二月十四日生	⑪知覺女性魂 感情型・陽明魂 十月十五日～十一月十四日生	⑩知覺女性魂 實行型・靜閒魂 九月十五日～十月十四日生	⑨知覺女性魂 實行型・陽明魂 八月十五日～九月十四日生	⑧實行女性魂 知覺型・靜閒魂 七月十五日～八月十四日生	⑦實行女性魂 知覺型・陽明魂 六月十五日～七月十四日生	⑥實行女性魂 感情型・靜閒魂 五月十七日～六月十四日生	⑤實行女性魂 感情型・陽明魂 四月十七日～五月十六日生	④感情女性魂 知覺型・靜閒魂 三月十七日～四月十六日生	③感情女性魂 知覺型・陽明魂 二月十五日～三月十六日生	②感情女性魂 實行型・靜閒魂 一月十五日～二月十四日生	①感情女性魂 實行型・陽明魂 十二月十五日～一月十四日生
① 感應男性魂 行動型・陽明魂 12月15日～1月14日生	輝緣	浮緣	凡緣	真緣	輝緣	凡緣	凡緣	福緣	避緣	因果緣	魂結緣	陽緣
② 感應男性魂 行動型・靜閒魂 1月15日～2月14日生	福緣	迷緣	凡緣	福緣	凡緣	陽緣	輝緣	凡緣	因果緣	凡緣	凡緣	魂結緣
③ 感應男性魂 知想型・陽明魂 2月15日～3月16日生	凡緣	陽緣	因果緣	避緣	惑緣	凡緣	魂結緣	幸緣	凡緣	陽緣	疑緣	避緣
④ 感應男性魂 知想型・靜閒魂 3月17日～4月16日生	幸緣	避緣	浮緣	凡緣	凡緣	魂結緣	疑緣	輝緣	因果緣	浮緣	福緣	浮緣
⑤ 行動男性魂 感應型・陽明魂 4月17日～5月16日生	凡緣	因果緣	凡緣	魂結緣	凡緣	幸緣	福緣	浮緣	真緣	避緣	浮緣	疑緣
⑥ 行動男性魂 感應型・靜閒魂 5月17日～6月16日生	因果緣	凡緣	魂結緣	疑緣	福緣	迷緣	凡緣	凡緣	凡緣	幸緣	真緣	惑緣
⑦ 行動男性魂 知想型・陽明魂 6月15日～7月14日生	真緣	幸緣	避緣	凡緣	凡緣	因果緣	浮緣	因果緣	迷緣	魂結緣	幸緣	福緣
⑧ 行動男性魂 知想型・靜閒魂 7月15日～8月14日生	惑緣	疑緣	凡緣	凡緣	凡緣	避緣	真緣	凡緣	魂結緣	真緣	因果緣	真緣
⑨ 知想男性魂 行動型・陽明魂 8月15日～9月14日生	凡緣	福緣	惑緣	因果緣	凡緣	惑緣	因果緣	魂結緣	凡緣	惑緣	避緣	幸緣
⑩ 知想男性魂 行動型・靜閒魂 9月15日～10月14日生	魂結緣	輝緣	幸緣	凡緣	因果緣	福緣	凡緣	惑緣	浮緣	福緣	凡緣	因果緣
⑪知想男性魂 感應型・陽明魂 10月15日～11月14日生	陽緣	魂結緣	疑緣	迷緣	疑緣	真緣	避緣	迷緣	陽緣	疑緣	迷緣	迷緣
⑫知想男性魂 感應型・靜閒魂 11月15日～12月14日生	疑緣	凡緣	凡緣	陽緣	魂結緣	輝緣	陽緣	真緣	福緣	迷緣	輝緣	凡緣

【魂結緣】

在出生之前，彼此的靈魂便結合在一起的緣份，此後一定會邂逅而結合在一起，是十二種女性的靈魂性與十二種男性的靈魂性中，緣份最好的一種。

一旦成爲夫妻、不論遭遇到什麼苦難，絶對不會離婚，夫妻間也不會有嫌隙或被拆散的問題，此即古來所說是「早已註定用紅線結合」的緣份。

能得到這種緣者，必須妳和男性雙方的父母及祖父母之人格高潔才能獲得，同時兄弟姊妹之間的關係很好，兩家的家族關係也很深厚，不會產生任何糾紛。

假定會有離婚事宜，其原因往往只是芝麻蒜皮的小事罷了。

通常配偶比妳大六歲、八歲、十歲爲最理想。

但是倘若妳尚未二十二歲便結婚，則此緣無法發揮它的效力。

【幸　緣】

假定妳的幸福力爲百分之五十，結婚對方的男性之幸福力也是百分之五十，則此緣份即是二個人合起來百分之一百的幸福力之緣份。總之，必須互相強烈地吸引，結婚後必能過夫妻幸福美滿的人生。但是夫妻的生活要遠離雙親，生孩子後必須經常與雙親保持來往才行。

這種緣份的男性（丈夫）在經濟上不太充裕，一心想擁有自己的家，可是由於太牽强購屋，致使家庭內的經濟稍有困難，日常生活很不自在，所以不要太過牽强購屋。

通常這種緣份，男方比妳小二歲，或是比妳大三、五歲為最理想。女性最好在24歲以上才結婚較好。

【福　緣】

結婚之後，快樂且甜蜜的蜜月生活較短，一切以孩子為中心，但任何事情都可受到他人、親戚及雙親的援助，一切困難都有迎刃而解的「福」份。丈夫在事業上雖不會有很大的成就，但很會照顧家庭，對妳而言可說是個模範丈夫。

既得福緣，為了不破壞這種緣份，家事都應該要勤快去做。烹飪、掃除、育兒、孩子的教育、禮儀及母親與妻子所盡的任務，都應該努力去完成。

在這種福緣中，與妳同年或大一、六歲以上的男性是最理想的對象。

對妳而言，二十三歲以上才結婚比較好。

【真　緣】

和其他緣份不同之處是這種緣份有百分之七十，以相親為出發點。妳不會經歷好幾次戀愛才結婚，同時對方男性也是戀愛經驗少，不會聽見有常交女友的情形。總而言之，就是屬於較規矩的男女之緣。

男性對工作非常熱衷，在工作上能獲得上司的信賴。妳和兄弟姊妹或雙親無法親密地交往，但是，結婚後家庭生活美滿、溫馨。

由於結婚時很慎重，所以家庭中心的計劃多半由夫妻一同商談決定。

在這種緣份中，男性比妳大八、十、十二歲爲最理想，若比妳小則絕對不行。

這種真緣的女性在二十三歲以上結婚最適合。

【陽　緣】

這種夫妻的緣份往往會讓人露出會心的微笑。周遭的人大多會誠心的祝福，且是以戀愛的方式而結婚的。兩人共築的家庭很開朗，朋友來往頻繁，很熱鬧。

雙方的家長都以妳的家庭爲傲，雖男性比較會鬧情緒，可是性格開朗且不會惹出問題。以這種陽緣結婚的夫妻，會有人前來商討問題，但是，不可太過干涉他人的事宜，否則會因他人的問題造成你們夫妻雙方的糾紛，因此，最好保有一些你們夫妻間的隱私生活。

在孩的教育方面不是很高明，但不可對孩子實行放任主義。

在這陽緣中，妳與男性的年齡問題是沒有任何界限的。

只是妳必須在十九歲以後才結婚比較好。

【輝　緣】

依這種緣份結婚的妳，可以將自己所擁有的優點發揚光大，成爲賢妻良母。即使是孩子也都能出人頭地，夫妻的晚年生活也可放心。

依這輝緣結婚時，最好不要讓其他男性知道比較好，由於妳和其他男性的戀愛次數很多，所以一發生問題時，會將妳的丈夫和其他男性做比較，可是將過去戀愛的對象一直牢記是相當不正確的，應該將他們全部忘記對妳的婚姻才有幫助。

同時也必須照顧體貼公婆。屬於這種輝緣的女性，結婚有較遲的傾向。

在這種輝緣之中，男性比妳大二歲至三歲爲最理想。

而妳最好在二十五歲以上才結婚。

【凡　緣】

此緣乃可或不可之緣份，但不要因爲是平凡之緣而有幸或不幸福的想法。雖平凡，可是也有困難、幸福和甘苦，即使是結婚生活，也有好有壞，不過都能夠平凡地加以克服。

關於孩子，可能會生一女三男，亦就是日本平均的家庭狀態。以這種凡緣而結婚的妳，不需要太執意妳丈夫的職業，但是有關自由業或特種營業則絕對要避免。

雙方的家長和親族關係，只是義務上的來往而已。

如果妳必須繼承妳的家業，則招贅可建立美滿的家庭。

在這種凡緣中，男性比妳小二、三、五歲或大妳四、五歲爲最理想。

只要過了二十歲以後，在任何年齡結婚都很適宜。

但若是晚婚，則最好接受星魂術鑑定較妥。

【浮緣】

假使你要和屬於浮緣的男性結婚我並不反對，但是婚後的夫妻生活會非常的不安定，經濟上也不穩定，甚至出現危機感。結婚後的生活與妳婚前所想像的生活差距愈來愈大，這種現象會令妳感到意外且困擾。一旦出現離婚的問題時，有孩子的妳更加煩惱。丈夫在日常生活中很任性，且不太尊重妳，而漸漸嫌惡夫妻生活。

夫妻不可能一起積蓄財產，屬於這種浮緣的男性，不太能夠獲得社會上的地位。

因此，我極力反對這種浮緣的婚姻。如果妳已結婚，則必須接受浮緣的『運緣變革法』比較適當。

【迷 緣】

如果妳屬迷緣，和有姻緣的男性自戀愛時便會產生迷惑。即使尚未結婚，在戀愛時便會對對方的思想與行動產生疑問，而感到不安。即使結婚，夫妻生活依然會覺得迷惑，彼此的信賴感會逐漸崩潰而導致離婚。妳與丈夫的人生觀不一致，彼此不會互相讓步，即使自己想讓步也會因爲自尊心而拉不下臉來，與親戚之間的關係會有嫌隙，所以不能稱之爲良緣。

【疑 緣】

如果妳和男性戀愛的緣份是疑緣，可能妳自己會覺得這場戀愛相當理想，因爲對方很體貼也很照顧妳，即使彼此分隔遙遠也會天天打電話，且經常送禮，深獲妳心。

屬於疑緣的男性，戀愛進行速度非常快，所以妳很自然地便由淺往深處移動。且男方會急著與妳產生肉體上的關係，所以具有危險性，即在逐漸了解對方當中，可能已經陷入危險狀態。

可是一旦熱戀過後，妳會發現男方的心情有所轉變，感情逐漸變淡。

結婚時，他人也不太祝福，因爲就像是彼此拖拉的關係打上休止符一般，而非處於非常相愛的狀況上才結婚的。

對於這種婚姻，妳必須要忍耐，因爲男方常想要自由的活動，極少顧慮到妳，即使有了外遇，他也不太有罪惡感，會賭博、喜歡虛張聲勢，不會以家庭爲中心，對經濟方面毫無計劃性。這種疑緣的姻婚，使妳老得很快，逐漸地失去女性美。即使有了孩子，情況仍不會有什麼改善，孩子個性懶散，不喜歡聽雙親的話。

如果妳已經過著這種疑緣的婚姻生活，不要太過沮喪，爲恢復以前那充滿活力的妳，必須接受『運緣變革法』。

【惑　緣】

屬於這種惑緣的婚姻，在結婚時絕對不會以我的結婚對象非此人莫屬的決心而結婚。在戀愛中會感覺「可能我會和這個人結婚吧！」但到了最後關頭，心中仍是無法做最後決定。

通常在妳周圍的人多半不會反對，並且覺得你們二人一定會結婚，可是仍感覺好像缺乏熱情。

結婚後，夫妻意識較薄弱，往往只能看見彼此的缺陷，而慢慢感到後悔。即使受到他人照顧，也不太會感激對方，缺乏社會性，是屬於沒有魅力的夫妻形象。夫妻生活也會逐漸傾向疲乏狀態。

如果妳仍堅持這種惑緣的婚姻，那我絕對無法衷心的贊成。即使結婚，妳也不是由衷地滿意，所以日後必會考慮離婚，因此必須避免戀愛式的結婚。

【因果緣】

不良之緣包括因果緣、浮緣、迷緣、疑緣、惑緣、避緣，其中就屬因果緣爲最不好的緣份。如果妳和其他緣份的對象戀愛、結婚，我都不會强烈制止，唯獨這因果緣我絕對反對，因爲如此一來，婚姻生活、夫妻關係、親子關係都會轉變成最不好的方向。

如果以這種因果緣結婚，將會造成嚴重的因緣。譬如丈夫的經濟能力會遭遇到很大的波折，妻子的任性會帶給周遭人相當大的困擾，以致成爲惡妻。丈夫在社會上無法立足，思想固執，人際關係惡劣，甚至連孩子都没有辦法依良緣而結婚，其婚姻往往令父母感到意外，而且頭腦也不太靈光。

由因果緣結婚的夫妻，疾病多，且易罹患慢性病或者短命。

即使妳本來應該長壽，但以這種緣結婚後便成爲短命。在人際關係方面也會日趨惡劣。如果妳已結婚，卻未接受『運緣變革法』，則惡運將會一直纏繞著妳，甚者可能造成家族離散。

【避　緣】

不敢太過熱烈地戀愛，彼此並不適合相處在一塊，即使牽强結婚，孩子將會成爲父母的犧牲品。

因果緣之夫妻是屬於最不好的夫妻典型，但是卻不會分手，而愈積彼此的惡因緣。避緣的夫妻最後會步上離婚的道路。

避緣的婚姻最後都會離婚，且離婚之後則無機會再婚，但是，如能和其他良緣的男性結婚，則將會過著幸福美滿的婚姻生活。

我們常聽見雙重人格這句話，這都是因爲靈魂性與假面（性格）相互影響所致。假面（性格）並不是本來的真面目，如果假面與假面結合，遲早有一天假面會脫落而露出真面目。應該避免的緣份最好依自己堅强的意志加以克服，明智地選擇良緣，才是最正確的作法。

第六章

救助病態星魂的「超靈力」秘法

——鑑定的實例

實例① 打消再婚的迷惑

（東京都 公司職員 32歲）

我是在二年前的三十歲時離婚的，目前五歲的女兒是由我照顧，母女倆共同生活。與我離婚的丈夫外遇頻繁，常換職業，經濟上相當不安定、生活費拮据，導致我必須經常向娘家伸手要錢，令我的母親感到相當迷惑。生下孩子後，丈夫並沒有負起作父親的責任，於是我才執意離婚，在二十八歲那年，便帶著孩子與他分手了。

我有個二十五歲的妹妹，最近有人向他提起結婚的事，可是她卻諷刺地說「我才不像姐姐那樣，搞到最後和人家離了婚」。

其實，前陣子也有人向我提起過再婚的事宜，可是由於我現在心情不定所以就擱了下來。孩子白天由娘家照顧，我則出去工作，目前正與公司裡的一位三十二歲的男性談戀愛，那男性未婚，但我已有孩子，如果再婚，勢必要與新夫再生孩子，對於同母異父的孩子之間的問題，我相當憂心。

我曾與要好的朋友商談過，她說「並不是妳的小孩要結婚啊！戀愛的人是妳，可是妳不能太過在乎自己的心情，同時也不要操之過急，否則再離一次婚就不太好了。妳絕對不能夠再離婚了，所以請三思而後行」。若是母親只能夠嘗試爲人母的生活，但若無法體驗女性全部的生活，則太沒有價值，只因爲和前夫有過不好的婚姻便須犧牲另一方面的生活，實在是太可惜了。

我的那位朋友要結婚時，內心相當不安而與她的母親商量，她說「結婚是終身大事，在結婚之前，或許妳可以去拜訪一下我所認識的超靈力者岩滿羅門先生，接受他的『星魂術鑑定』」。於是便替她的女兒預約鑑定的時間。

當然，她非常煩惱要是被羅門先生鑑定的結果相當不好的話，應該怎麼辦呢？但是羅門先生說「這段因緣很不錯，可以安心的結婚」。於是她便鬆了一口氣。結果，我也拜訪我的朋友，替我預約會見羅門先生的時間。

那日，我非常緊張地坐在羅門先生的面前，我還記得那時可由窗户看見富士山頂上皚皚的白雪，非常壯觀。羅門先生問：

「妳今年貴庚？」

我一聽見這話，便顯得有點緊張。

「三十歲。」

「那妳的孩子今年多大？」

當他問這句話時，我相當訝異，羅門先生應該不知道我有孩子才對。所以，我對他神秘的眼光感到相當恐懼。

「五歲。」

於是，我才開始向羅門先生提起再婚之事。

我是一九六三年九月二十二日出生的，命運的星魂是『水流星魂』，靈魂性屬於『知覺女性魂／實行型、靜寂魂』。

「這次所要結婚的對象（男方）是一九六二年五月十九日出生，命運的星魂是『風南星魂』靈魂性是屬於『行動男性魂／感應型、靜閒魂』。姻緣爲『魂結緣』，是很好的結合緣份，所以不要擔心，千萬不要讓這次的緣份溜走，將前次不幸的婚姻忘記，一同與孩子過著幸福的生活吧！」

羅門先生斬釘截鐵的說，這使我相當高興，一時之間，情人的臉孔便浮現在我腦海中，使我愈來愈覺得他是個理想的對象而信心倍增。

但是，羅門先生以更大的聲音說：

「現在不能馬上結婚，因爲妳正處於『成育運勢期』，而他是『狂迷運勢期』，妳可在六個月之後的『滿華運勢期』、而他是『回歸運勢期』的時候再結婚。

老師神色嚴肅，彷彿在叱責我不應該高興得太早。

請他鑑定我們的運衰厄生期，我是屬於平穩期，而他卻是『後弱期』，我請教他應該怎麼對應。

「運衰厄生期有『前弱期』，『最强期』和『後弱期』之分，但對方再經過六個月之後就進入『後弱期』，所以不會有什麼問題。」

鑑定的最後，羅門先生說：

「結婚後，妳會生男孩，不過在妳那位五歲大的女兒之前，應該還有個男孩才對，可是妳並沒有生下他，這次這個男孩出生後，妳應該要好好地把握才是。」

我又再次感到驚訝，甚至於全身都軟了。

「依照『星魂術』，則過去、現在、未來都能夠清楚地瞭解，探測心智所無法理解的神秘的世界。我會由衷地祝福妳這次的婚姻。」

聽到他這番話，我不由得由內心升起一股感激之意。

實例② 依星魂變革使家運好轉

（長野縣　家庭主婦　五十五歲）

我是五十五歲的家庭主婦，有四個孩子，依次是長男、長女、次男、三男四人。我丈夫今年六十歲，經營事業，但整個家族都一直爲霉運所纏繞。

起初，長男突然離婚，經戀愛結婚的長女後來也離了婚，接著次男、三男常生病，目前依健康狀態來看，實在很不樂觀，且無法考慮結婚的問題。

其實，長男和長女的離婚，是由於對方的不是，並非我孩子的錯，可是在顧及社會的眼光之下，我相當地煩惱。丈夫經常沈默不與孩子們交談，家中因而顯得十分冷清，也失去了歡笑聲。

最近，我丈夫也生病了，雖一再交待長男要繼承他的事業，但是他反抗不加以接受，連長女也聲明要離家自主獨立。

我想可能是家族間產生了什麼問題，而聽從他人勸告至宗教場所求得內心的平安與順心，但絲毫不見改善。也曾經到一位非常有名的靈能者那兒去問卜，他說我丈夫是被武田信玄的靈魂附了身，同時家庭成員也都被戰場上戰死的武士冤魂所附身。可是，即使我多麼地煩惱、終究也是有理性的，縱然對方是出現在電視上有名的靈能者，可是我覺得他的靈視實在是太無聊而無法接受。

與其他家庭相比之下，我的家庭顯然太倒霉了，那時，我的朋友向我提起羅門先生。

「人本來就有註定的命運且受運勢的影響，同時，任何事物都有靈性，即使是土地或家屋亦然，所以我勸妳去接受羅門先生的『星魂術鑑定』試試看。」

他很親切地安慰我，可是我一點也不認識羅門先生，所以仍露出不安的表情，於是他又勸說：

「羅門先生不太喜歡出鋒頭，但他具有神秘的力量，也常常說『有緣的人自然就會與我碰面』，所以，妳儘管安心地去看他吧！」

於是，他告訴我電話，預約後即去拜訪羅門先生。先生在耐心聽我說明之後說：

「這種情況不需要一個個前來進行『星魂術鑑定』，等以後有空再談，想問你的是，妳家是何時建的？」

那是我和丈夫結婚時建的，也就是在一九六四年東京奧運會的那年四月建的。

我是一九三八年十一月五日生、命運的星魂是『風南星魂』，我丈夫是一九三四年二月十日生，屬於『寶冠星魂』。

我的靈魂性是『知覺女性魂/感情型、陽明魂』、丈夫是『感應男性魂/行動型、靜寂魂』。

羅門先生進行了「星魂術鑑定」之後說：

「妳丈夫建屋的時期是處於極惡劣的時期，且妳當新娘那年的運勢也不好，由於是運衰厄生期的『最强期』，因此不能建屋。這房屋是在運衰厄生期的時候建造的，所以要做『星魂變革』，請將妳丈夫名義下所有的土地及房屋都轉移至長男的名下，且於一九九四年一月份時，進行變更的手續。」

他很誠懇地交待，我遂聽從羅門先生的建議，將土地及房屋登記在長男的名下。

其後，土地及家之運勢確實好轉了，連我都覺得那真是太神奇了。將名義改爲長男後不久，長男繼承了我丈夫的事業，加上再婚的問題也談妥，將於三月份完婚，長女也依相親於五月份再婚。次男、三男目前也都服務於一家公司，且要求一同爲家業而奮鬥。

最近，家裡相當熱鬧，笑聲不絕，女婿也常至家中，和我丈夫、孩子五男共同談天，因而使身爲母親和妻子的我，覺得很幸福。此時，羅門先生的面孔常會浮現在我眼前。

羅門先生確實是具有神秘力量的超靈力者，關於這點，我曾經切身體驗過。同時，在『星魂術鑑定』上，先生說我們夫妻的緣份屬『迷緣』，可是我丈夫的姻緣屬『福緣』，因此要我好好地照顧丈夫。這些話，至今仍在我耳中縈迴不已。

實例③　病弱的親子恢復健康

（神奈川縣　家庭主婦　三十八歲）

我是一位三十八歲的家庭主婦。朋友曾經告訴我有一種「星魂術」能夠正確的表示現在、過去及未來。

聽說「星魂術」的奧秘尚未公開，在日本也只有少數人知道。如神化身爲神、佛化身爲佛，岩滿羅門先生確實擁有「星魂術」的秘法。同時，羅門先生擁有超越宗教世界的超靈力，至目前已發揮很多次奇蹟般的實例，所以我才會迫不及待的請朋友帶我去拜訪羅門先生。

我自幼身體極爲虛弱，二十二歲結婚，而後難產生下一男孩，之後身體便一直很不適，腎臟、心臟都很虛弱，常要至醫院接受治療，現在回想起來，覺得當時能夠生孩子實在很了不起。孩子自五歲大時，體質也十分不好，經常生病，因而才會令我聯想到是否有什麼東西在作祟，連我丈夫也覺得我實在很倒霉。

在岩滿羅門先生的「星魂術鑑定」之下，我是一九五六年一月二十日出生，命運星魂屬「朱火星魂」，靈魂性屬於「感情女性魂/實行型、靜寂魂」。孩子是一九七九年八月三日出生、命運星魂爲『水流星魂』，靈魂性屬於『行動男性魂/知想型、靜寂魂』。

我丈夫今年三十七歲，是一九五六年五月十一日出生，命運星魂爲『朱火星魂』，靈魂性是『行動男性魂/感應型、陽明魂』。

我與他的姻緣屬『浮緣』。

「很遺憾的是，結婚的緣份是『浮緣』，那並不是很好的緣份，再加上妳生孩子時，妳和妳丈夫正處於運衰厄生期的『最强期』，也就是說，當時妳們的運勢期是『沈滯運勢期』，而『壞亂魂層』屬『最激期』，妳丈夫是處於『暗溝運勢期』、『壞亂魂層』是屬於『前期』，由於妳們的孩子剛好出生在妳們兩人最不好的時期，所以必需要實施命運的『星魂變革』才行。

先生慎重地交待。

因此，我們馬上實施「星魂變革」改變親子三人的星魂，二個月之後，我們三人奇蹟似地恢復了健康。我丈夫很激賞羅門先生，目前他已成爲我們家不可或缺的人物。總之，有任何問題，羅門先生都能順利幫我們解決，使我們能過著平安的生活。

實例④　事業運很快地飛黃騰達

（靜岡縣　家庭主婦　四十五歲）

我是四十五歲的家庭主婦，爲了丈夫的事業相當煩惱，雖然他極認真努力，人緣也佳，疼愛孩子，可是在事業上卻一直都很不順利，我實在不忍心見他這麼苦惱，雖然我對他的事業一點也不了解，但見他事業如此不順利，實在覺得很不可思議。

一天，接到遠方朋友的電話，我告訴他我丈夫的事業很不順利，所以心情很煩，於是我朋友說：

「煩惱也無濟於事啊！妳知道在隱秘學上的一種秘法『星魂術』嗎？我已經經驗過很多種占術，但這種星魂術能夠正確地表示人出生到死亡的時期，具有靈性的神秘預言書籍也已問世，此書是羅門先生所寫，他也是超越現代能力的人物，所以我建議妳去請他鑑定看看。」

「我不信仰宗教，也不太相信靈能者，所以可能無法接受。」可是友人又說：「羅門先生已經超越了妳所說的這些世界，同時也是日本唯一的『超靈力者』。另外，他也通茶道、花藝、書法等藝術，在花藝方面還是『京雅流』的宗師呢！請他鑑定一下妳丈夫的星魂，或許可以替妳消除煩惱。」於是，我便接受了友人的建議。去拜訪羅門先生了。

先生十分親切地款待我，同時也很有自信地對我說：「今日我要解決妳的煩惱。」

我丈夫是一九四四年十一月八日出生，今年四十九歲。

命運星魂爲『天綠星魂』、靈魂性爲『知想男性魂/感應型、陽明魂』。

我是一九四八年七月十二日出生，今年四十五歲

命運的星魂爲『朱火星魂』，靈魂性爲『實行女性魂/知覺型、陽明魂』。

我與丈夫結婚的緣份屬於『真緣』。

我順便問他是否與我三個孩子的運勢有關，他說「有關妳丈夫的事業與妳的孩子都沒有關係。」

「妳結婚的日子是一九七三年一月十五日，當時妳的運勢期爲『滿華運勢期』，是很好的結婚時期，且妳丈夫也是處於『滿華運勢期』，所以按理推斷，在這時期結婚是不可能影響妳丈夫的事業。不過妳們雖是在一月十五日舉辦婚禮，可是並未馬上登記入籍手續，而拖至六月多才登記。」

先生說了這些話後令我感到十分吃驚，因爲我們在結婚後，馬上營運事業，太過於忙碌，所以延誤入籍時間，因此對羅門先生的「星魂術」之正確的程度感到相當折服。

先生說「夫妻要入籍才成爲正式的夫妻，因此入籍時期也會成爲大問題」。又說我倆都是在『疾苦運勢期』時才入籍，經羅門先生鑑定之後，才了解我的丈夫事業失敗是因爲正處於一九七六年、一九八二年、一九八八年、一九九四年的沈滯運勢期，而相當於『壞亂魂層』的『最激期』，經常都在這段運勢期發生不如意。

他又說：「不僅妳丈夫如此，妳也與他一樣同處於不好的運勢期。」

我以非常不安的心情問：「那應該如何是好？」

「我替你們進行『星魂變革』。」

在羅門先生進行『星魂變革』之後，其效果很快地便呈現了。譬如有意料不到的大公司來與我們交易，我丈夫非常高興，由衷地感謝先生的幫忙，也很感激告訴我們的那位朋友。

據我朋友說，羅門先生的變革力量稱爲超靈力，是由印度傳來的神秘的「帕拉蒂亞達因消」的力量。

實例⑤　七年以來第一次生孩子

（神奈川縣　家庭主婦　三十歲）

我們是結婚七年的夫妻，目前我已三十歲，至今尚無孩子，爲此我們一直很煩惱。我從十九歲開始就很喜歡小孩，總是以抱親戚或友人的小孩子爲樂，於是也想著趕快結婚後就可以生小孩了。有句話說，小孩是天所賜與，可是我從二十四歲結婚之後就一直沒有孩子。小我二歲的妹妹自二十三歲結婚，至今也無孩子。

由於一直沒孩子，我丈夫懷疑是否是自己身體上有所毛病，但在醫院檢查並無疾病，我也去過二家醫院檢查，也都沒有問題。

我的雙親和公婆都很擔心，但仍是沒有用，最後夫妻倆還到有名的宗教場所去祈求。妹妹和妹婿也曾至醫院去檢查過，也都沒有什麼毛病，我想可能是我們都註定無子嗣，所以姊妹倆相當煩惱。我丈夫認爲遲早一定會有小孩的，可是結婚已七年仍沒有孩子，心想可能有什麼異常的狀態，爲了解決問題，只要聽他人說有效的方法，我們也都嘗試過了。

曾到過一位有名的女性靈能者那兒去求助，據她所說，我是在四、五歲的時候，被一位祖先附了身，由於其沒有生過孩子，所以領養他人的孩子，但是仍是無法忘懷自己不能生孩子的事，而附身在我身上。因此，若無淨靈將終身無子嗣。至於我丈夫則被判斷爲小時候被古戰場死亡的小孩之靈魂附了身，是個怨靈，所以也要淨靈才能夠生孩子。可是我對這位曾在電視或週刊上報導過的這位著名的人物，竟然斷言如此，令我感到很惱怒。

靈能者說我終身將不會有孩子，可是在結婚前我曾經和一位男士有過孩子，但礙於情勢沒有生下。且我丈夫在結婚前也曾和一位女性發生過關係，對方也有懷孕。不過，她仍强調我們是不會有孩子的。聽見靈能者這般地吹噓，我十分生氣，覺得去訪問她實在是一件愚蠢的事。

當爲這問題感覺到沮喪的時候，我的一位阿姨告訴我有關羅門先生的事，可是我因爲上次去訪問靈能者的經驗，對此印象十分惡劣，因而也沒將阿姨的話放在心上。但後來阿姨仍很熱心地勸我，爲了不忍拒絕她的好意，便決定和阿姨一同去拜訪羅門先生，當天，是一個飄著小雪的日子。

在接受羅門先生的「星魂術鑑定」之前，我什麼都沒有告訴他，但先生一開口就說：「妳是不是來問有關小孩子的事情。」我以爲阿姨曾經告訴過他，可是後來一問之下，發現阿姨並沒有說，因此讓我覺得很驚訝。

我是一九六三年八月三十日出生，命運星魂爲『水流星魂』，靈魂性屬於『知覺女性魂

／實行型、陽明魂』。

我丈夫是一九五九年二月二十日出生、命運星魂是『地西星魂』。

靈魂性爲『感應男性魂／知想型、陽明魂』。

夫妻的緣份屬『避緣』。

「『避緣』是不好的結婚緣份，本來是不應該結婚的。妳在婚前同時與二位男性交往，雖無告訴他人，可是一直在爲與哪一位結婚的事宜而煩惱，結果妳選擇了比較英俊的男方，亦就是目前的丈夫，同時妳的丈夫比另一位對象服務的公司較大，因此妳才決定嫁給他。」

羅門先生注視著我的雙眼說了這些話。

「妳說說看，那位沒和妳結婚的男性出生年月日是何時？」

其實，那位男子我一直想從記憶中忘掉，因爲他是婚前唯一與他懷過孕的男子。

羅門先生用微笑、慈祥的表情問我。

「妳還記得嗎？」

我回答：

「記得。」

因爲他的生日剛好是耶誕節那一天，所以不太可能忘記。

「他是一九七一年十二月二十五日出生的，所以命運星魂爲『虎北星魂』，靈魂性是『

感性男性魂、行動型、陽明魂』。姻緣爲『真緣』，應該能夠與妳建立美滿的家庭。當然，妳應該是比較喜歡妳現在的丈夫，所以才與他結婚，但是，卻因而失去了『真緣』的機會。妳結婚的時候正好是六年周期的十二種運勢期當中的『衰勢運勢期』，是屬於運衰厄生期的『最强期』，而『壞亂魂層』正處於『後期』，是結婚最不好的時期。雖然妳結婚前懷孕了，但是卻不敢生，那時約在結婚前一年，是屬於『暗溝運勢期』。

我再次感到驚訝，覺得阿姨介紹我的「星魂鑑定」真是百分之百的正確。

其後，羅門先生馬上依「帕拉蒂亞達因消」的力量替我進行「星魂變革」，不久，即在四個月後便懷孕了。當然，我依然終身保有那曾經懷過孕的秘密，且由於阿姨的疼愛，我終於能得到幸福。

「女人最好不要將過去發生的事情或者秘密告訴丈夫，因爲有時候說出來，反而會喪失現有的幸福。」

羅門先生這樣勸說著。

同時，我也替妹妹他們安排與羅門先生見面的時間。我想，我一輩子也不可能忘記在那麼寒冷且下著小雪的日子，去拜訪羅門先生的情形。

羅門先生的為人

師範長　近藤里美

依靠這本神秘的『女性星魂術』，妳可以知道自己的「命運星魂」和「女性魂」，同時也可瞭解在人生中所存在的「六年周期的十二種運勢期」，至某個年齡之後會有「運衰厄生期」，這些時期都無法加以避免。且女性不論結婚也好，未婚也罷，都有所謂的「姻緣」與「投緣」的各種緣份。

雖然本書中對男性的命運並沒有詳細的記載，但是妳接受『女性星魂術』的鑑定之後，不僅能夠了解妳的「命運」，同時也能了解如何解決困難，再者，羅門先生也能夠替妳轉變爲好的「命運」。

羅門先生自小即被稱爲神童，十歲那年夏季在織田信長所建造的那座城堡旁的岐阜、金華山麓邊的長良河畔，得到聖靈魂界的啓示，便獲得了超靈力的力量，其能力偉大且神秘，他依這種力量拯救過許多人，因此，受到極多數人的讚揚。

羅門先生可說是位預言者，其預言已多數獲得證實，閱讀過此書的妳，或許並不認識羅門先生，這是先生不喜歡多做宣傳的原因，因此，本書之所以能夠付梓完全是由於編輯部長三澤豐先生的熱心幫忙、企劃編排，才能夠實現這個理想。

羅門先生雖是哲學家、宗教家及超靈力者，但是完全不會被宗教界所束縛，其認爲人的命運不能完全依靠宗教來開拓，其「超靈力」已經完全超越宗教，想必定成爲時代的先端。

同時，羅門先生也是花道的宗師及書法家，另外他的興趣尚有茶道，繪畫及音樂等多方面專長，當妳去訪問他時，必能夠與他侃侃而談。

總之，羅門先生的「命運變革」、「星魂變革」和「帕拉蒂亞達因消」等神秘的超靈力，必能夠引導妳走向幸福的人生。

各種命運中的難題，羅門先生都能夠在短時期内替妳解決。

除了這種『女性星魂術』的「鑑定」之外，妳在人生中所需要的能量，羅門先生會在每個月的第二及第四個禮拜天（下午一點鐘），針對個人分别傳授，希望妳能夠接受先生神秘的超靈力量，直接體驗這種寶貴的經歷。當妳訪問羅門先生接受『女性星魂術』的「鑑定」時，我們將會很誠懇地招待妳。

沒有依靠神秘的力量去消除過去的障礙，我們將無法擺脱命運的安排。

羅　門

後記

『女性星魂術』主要在介紹女性的「星魂術」，由其中可發現女性確實是不可思議的美麗的精靈。我覺得無論是夫妻也好，戀人或家族之中的女性成員也罷，表決權基本上都應該由女性來掌握。所以，個人深覺女性的「命運」有非常大的影響力。實際上，我鑑定過無數的女性，不可否認地女性確有成爲「主體」的力量。

作家井上久先生曾經站在男性的立場，以非常感興趣的角度來觀察女性。

「少女往往看見老鼠就會大呼小叫，害怕至極，可是對於野狼（男性）卻會撒嬌微笑。」

其實，這正是女性最不可思議之處。因此，女性的結婚觀與男性的結婚觀念差距相當大。

據說，目前夫妻的離婚率高達百分之二十五，也就是說在隆重的婚禮之下結婚的夫妻，在四對中便有一對會離婚。同時，在一年期間，夫妻離婚平均高達十八萬九千對。由於如此，便可知道「姻緣」與「緣份」是具有相當大的影響力了。且疾病和結婚都是「命運」中相當重要的一環，不要在事發後才驚慌失措，應該防患於未然，瞭解避開災禍的「力」與「法則」。

妳必須擺脫妳的「假面」，而探知妳的真面目，進而了解自我的「命運」，如果妳的「命運」是壞的，則必須實施「命運的變革」，依靠「帕拉蒂亞達因消」的力量，邁向美滿光明的人生。

我由衷地感謝努力企劃『女性星魂術』的編輯部長三澤豐先生，並將其獻給廣大的女性讀者。爲要執筆此書，曾將里茲・格林先生的著書及增永篤彥先生的著書列入參考，同時對協助我的近藤望先生、師範長近藤里美女士、師範久保田敏子女士、山村由起子女士及上田和桂先生，深深地表示謝意。

我十分期望能夠儘快與各位讀者見面，指導妳們如何掌握自己的「命運」。

岩滿 羅門

一九九四年六月吉日

岩満羅門

【 連絡 】

羅門事務所(本部)・八尊光倫会
〒410-13 静岡県駿東郡小山町桑木800
電話0550(76)0800

羅門東京事務所・八尊光倫会
〒141 東京都品川区上大崎3-3-1
電話 03-3473-5321

大展出版社有限公司 圖書目錄

地址：台北市北投區11204
致遠一路二段12巷1號
電話：(02) 8236031
8236033
郵撥： 0166955～1
傳眞：(02) 8272069

•法律專欄連載• 電腦編號 58

台大法學院 法律學系／策劃
法律服務社／編著

①別讓您的權利睡著了[1]	200元
②別讓您的權利睡著了[2]	200元

•秘傳占卜系列• 電腦編號 14

①手相術	淺野八郎著	150元
②人相術	淺野八郎著	150元
③西洋占星術	淺野八郎著	150元
④中國神奇占卜	淺野八郎著	150元
⑤夢判斷	淺野八郎著	150元
⑥前世、來世占卜	淺野八郎著	150元
⑦法國式血型學	淺野八郎著	150元
⑧靈感、符咒學	淺野八郎著	150元
⑨紙牌占卜學	淺野八郎著	150元
⑩ＥＳＰ超能力占卜	淺野八郎著	150元
⑪猶太數的秘術	淺野八郎著	150元
⑫新心理測驗	淺野八郎著	160元

•趣味心理講座• 電腦編號 15

①性格測驗１	探索男與女	淺野八郎著	140元
②性格測驗２	透視人心奧秘	淺野八郎著	140元
③性格測驗３	發現陌生的自己	淺野八郎著	140元
④性格測驗４	發現你的真面目	淺野八郎著	140元
⑤性格測驗５	讓你們吃驚	淺野八郎著	140元
⑥性格測驗６	洞穿心理盲點	淺野八郎著	140元
⑦性格測驗７	探索對方心理	淺野八郎著	140元
⑧性格測驗８	由吃認識自己	淺野八郎著	140元
⑨性格測驗９	戀愛知多少	淺野八郎著	140元

⑩性格測驗10	由裝扮瞭解人心	淺野八郎著	140元
⑪性格測驗11	敲開內心玄機	淺野八郎著	140元
⑫性格測驗12	透視你的未來	淺野八郎著	140元
⑬血型與你的一生		淺野八郎著	140元
⑭趣味推理遊戲		淺野八郎著	140元

・婦幼天地・電腦編號16

①八萬人減肥成果	黃靜香譯	150元
②三分鐘減肥體操	楊鴻儒譯	150元
③窈窕淑女美髮秘訣	柯素娥譯	130元
④使妳更迷人	成　玉譯	130元
⑤女性的更年期	官舒姸編譯	160元
⑥胎內育兒法	李玉瓊編譯	150元
⑦早產兒袋鼠式護理	唐岱蘭譯	200元
⑧初次懷孕與生產	婦幼天地編譯組	180元
⑨初次育兒12個月	婦幼天地編譯組	180元
⑩斷乳食與幼兒食	婦幼天地編譯組	180元
⑪培養幼兒能力與性向	婦幼天地編譯組	180元
⑫培養幼兒創造力的玩具與遊戲	婦幼天地編譯組	180元
⑬幼兒的症狀與疾病	婦幼天地編譯組	180元
⑭腿部苗條健美法	婦幼天地編譯組	150元
⑮女性腰痛別忽視	婦幼天地編譯組	150元
⑯舒展身心體操術	李玉瓊編譯	130元
⑰三分鐘臉部體操	趙薇妮著	160元
⑱生動的笑容表情術	趙薇妮著	160元
⑲心曠神怡減肥法	川津祐介著	130元
⑳內衣使妳更美麗	陳玄茹譯	130元
㉑瑜伽美姿美容	黃靜香編著	150元
㉒高雅女性裝扮學	陳珮玲譯	180元
㉓蠶糞肌膚美顏法	坂梨秀子著	160元
㉔認識妳的身體	李玉瓊譯	160元
㉕產後恢復苗條體態	居理安・芙萊喬著	200元
㉖正確護髮美容法	山崎伊久江著	180元

・青春天地・電腦編號17

①A血型與星座	柯素娥編譯	120元
②B血型與星座	柯素娥編譯	120元
③O血型與星座	柯素娥編譯	120元
④AB血型與星座	柯素娥編譯	120元

⑤青春期性教室	呂貴嵐編譯	130元
⑥事半功倍讀書法	王毅希編譯	150元
⑦難解數學破題	宋釗宜編譯	130元
⑧速算解題技巧	宋釗宜編譯	130元
⑨小論文寫作秘訣	林顯茂編譯	120元
⑪中學生野外遊戲	熊谷康編著	120元
⑫恐怖極短篇	柯素娥編譯	130元
⑬恐怖夜話	小毛驢編譯	130元
⑭恐怖幽默短篇	小毛驢編譯	120元
⑮黑色幽默短篇	小毛驢編譯	120元
⑯靈異怪談	小毛驢編譯	130元
⑰錯覺遊戲	小毛驢編譯	130元
⑱整人遊戲	小毛驢編譯	150元
⑲有趣的超常識	柯素娥編譯	130元
⑳哦！原來如此	林慶旺編譯	130元
㉑趣味競賽100種	劉名揚編譯	120元
㉒數學謎題入門	宋釗宜編譯	150元
㉓數學謎題解析	宋釗宜編譯	150元
㉔透視男女心理	林慶旺編譯	120元
㉕少女情懷的自白	李桂蘭編譯	120元
㉖由兄弟姊妹看命運	李玉瓊編譯	130元
㉗趣味的科學魔術	林慶旺編譯	150元
㉘趣味的心理實驗室	李燕玲編譯	150元
㉙愛與性心理測驗	小毛驢編譯	130元
㉚刑案推理解謎	小毛驢編譯	130元
㉛偵探常識推理	小毛驢編譯	130元
㉜偵探常識解謎	小毛驢編譯	130元
㉝偵探推理遊戲	小毛驢編譯	130元
㉞趣味的超魔術	廖玉山編著	150元
㉟趣味的珍奇發明	柯素娥編著	150元
㊱登山用具與技巧	陳瑞菊編著	150元

•健康天地• 電腦編號18

①壓力的預防與治療	柯素娥編譯	130元
②超科學氣的魔力	柯素娥編譯	130元
③尿療法治病的神奇	中尾良一著	130元
④鐵證如山的尿療法奇蹟	廖玉山譯	120元
⑤一日斷食健康法	葉慈容編譯	120元
⑥胃部強健法	陳炳崑譯	120元
⑦癌症早期檢查法	廖松濤譯	130元

⑧老人痴呆症防止法	柯素娥編譯	130元
⑨松葉汁健康飲料	陳麗芬編譯	130元
⑩揉肚臍健康法	永井秋夫著	150元
⑪過勞死、猝死的預防	卓秀貞編譯	130元
⑫高血壓治療與飲食	藤山順豐著	150元
⑬老人看護指南	柯素娥編譯	150元
⑭美容外科淺談	楊啟宏著	150元
⑮美容外科新境界	楊啟宏著	150元
⑯鹽是天然的醫生	西英司郎著	140元
⑰年輕十歲不是夢	梁瑞麟譯	200元
⑱茶料理治百病	桑野和民著	180元
⑲綠茶治病寶典	桑野和民著	150元
⑳杜仲茶養顏減肥法	西田博著	150元
㉑蜂膠驚人療效	瀨長良三郎著	150元
㉒蜂膠治百病	瀨長良三郎著	150元
㉓醫藥與生活	鄭炳全著	160元
㉔鈣長生寶典	落合敏著	180元
㉕大蒜長生寶典	木下繁太郎著	160元
㉖居家自我健康檢查	石川恭三著	160元
㉗永恒的健康人生	李秀鈴譯	200元
㉘大豆卵磷脂長生寶典	劉雪卿譯	150元
㉙芳香療法	梁艾琳譯	160元
㉚醋長生寶典	柯素娥譯	元

•實用女性學講座•電腦編號 19

①解讀女性內心世界	島田一男著	150元
②塑造成熟的女性	島田一男著	150元
③女性整體裝扮學	黃靜香編著	180元
④職業婦女禮儀	黃靜香編著	180元

•校 園 系 列•電腦編號 20

①讀書集中術	多湖輝著	150元
②應考的訣竅	多湖輝著	150元
③輕鬆讀書贏得聯考	多湖輝著	150元
④讀書記憶秘訣	多湖輝著	150元
⑤視力恢復！超速讀術	江錦雲譯	180元

•實用心理學講座•電腦編號 21

①拆穿欺騙伎倆	多湖輝著	140元
②創造好構想	多湖輝著	140元
③面對面心理術	多湖輝著	140元
④偽裝心理術	多湖輝著	140元
⑤透視人性弱點	多湖輝著	140元
⑥自我表現術	多湖輝著	150元
⑦不可思議的人性心理	多湖輝著	150元
⑧催眠術入門	多湖輝著	150元
⑨責罵部屬的藝術	多湖輝著	150元
⑩精神力	多湖輝著	150元
⑪厚黑說服術	多湖輝著	150元
⑫集中力	多湖輝著	150元
⑬構想力	多湖輝著	150元
⑭深層心理術	多湖輝著	160元
⑮深層語言術	多湖輝著	160元
⑯深層說服術	多湖輝著	180元
⑰潛在心理術	多湖輝著	160元

•超現實心理講座•電腦編號 22

①超意識覺醒法	詹蔚芬編譯	130元
②護摩秘法與人生	劉名揚編譯	130元
③秘法！超級仙術入門	陸　明譯	150元
④給地球人的訊息	柯素娥編著	150元
⑤密教的神通力	劉名揚編著	130元
⑥神秘奇妙的世界	平川陽一著	180元
⑦地球文明的超革命	吳秋嬌譯	200元
⑧力量石的秘密	吳秋嬌譯	180元

•養 生 保 健•電腦編號 23

①醫療養生氣功	黃孝寬著	250元
②中國氣功圖譜	余功保著	230元
③少林醫療氣功精粹	井玉蘭著	250元
④龍形實用氣功	吳大才等著	220元
⑤魚戲增視強身氣功	宮　嬰著	220元
⑥嚴新氣功	前新培金著	250元
⑦道家玄牝氣功	張　章著	180元

⑧仙家秘傳袪病功　李遠國著　160元
⑨少林十大健身功　秦慶豐著　180元
⑩中國自控氣功　張明武著　250元
⑪醫療防癌氣功　黃孝寬著　220元
⑫醫療強身氣功　黃孝寬著　220元
⑬醫療點穴氣功　黃孝寬著　220元

•社會人智囊•電腦編號24

①糾紛談判術　清水增三著　160元
②創造關鍵術　淺野八郎著　150元
③觀人術　淺野八郎著　180元
④應急詭辯術　廖英迪編著　160元
⑤天才家學習術　木原武一著　160元
⑥猫型狗式鑑人術　淺野八郎著　180元
⑦逆轉運掌握術　淺野八郎著　180元

•精選系列•電腦編號25

①毛澤東與鄧小平　渡邊利夫等著　280元
②中國大崩裂　180元

•心靈雅集•電腦編號00

①禪言佛語看人生　松濤弘道著　180元
②禪密教的奥秘　葉逯謙譯　120元
③觀音大法力　田口日勝著　120元
④觀音法力的大功德　田口日勝著　120元
⑤達摩禪106智慧　劉華亭編譯　150元
⑥有趣的佛教研究　葉逯謙編譯　120元
⑦夢的開運法　蕭京凌譯　130元
⑧禪學智慧　柯素娥編譯　130元
⑨女性佛教入門　許俐萍譯　110元
⑩佛像小百科　心靈雅集編譯組　130元
⑪佛教小百科趣談　心靈雅集編譯組　120元
⑫佛教小百科漫談　心靈雅集編譯組　150元
⑬佛教知識小百科　心靈雅集編譯組　150元
⑭佛學名言智慧　松濤弘道著　220元
⑮釋迦名言智慧　松濤弘道著　220元
⑯活人禪　平田精耕著　120元
⑰坐禪入門　柯素娥編譯　120元

⑱現代禪悟	柯素娥編譯	130元
⑲道元禪師語錄	心靈雅集編譯組	130元
⑳佛學經典指南	心靈雅集編譯組	130元
㉑何謂「生」 阿含經	心靈雅集編譯組	150元
㉒一切皆空 般若心經	心靈雅集編譯組	150元
㉓超越迷惘 法句經	心靈雅集編譯組	130元
㉔開拓宇宙觀 華嚴經	心靈雅集編譯組	130元
㉕真實之道 法華經	心靈雅集編譯組	130元
㉖自由自在 涅槃經	心靈雅集編譯組	130元
㉗沈默的敎示 維摩經	心靈雅集編譯組	150元
㉘開通心眼 佛語佛戒	心靈雅集編譯組	130元
㉙揭秘寶庫 密教經典	心靈雅集編譯組	130元
㉚坐禪與養生	廖松濤譯	110元
㉛釋尊十戒	柯素娥編譯	120元
㉜佛法與神通	劉欣如編著	120元
㉝悟(正法眼藏的世界)	柯素娥編譯	120元
㉞只管打坐	劉欣如編譯	120元
㉟喬答摩・佛陀傳	劉欣如編著	120元
㊱唐玄奘留學記	劉欣如編譯	120元
㊲佛教的人生觀	劉欣如編譯	110元
㊳無門關(上卷)	心靈雅集編譯組	150元
㊴無門關(下卷)	心靈雅集編譯組	150元
㊵業的思想	劉欣如編著	130元
㊶佛法難學嗎	劉欣如著	140元
㊷佛法實用嗎	劉欣如著	140元
㊸佛法殊勝嗎	劉欣如著	140元
㊹因果報應法則	李常傳編	140元
㊺佛教醫學的奧秘	劉欣如編著	150元
㊻紅塵絕唱	海 若著	130元
㊼佛教生活風情	洪丕謨、姜玉珍著	220元
㊽行住坐臥有佛法	劉欣如著	160元
㊾起心動念是佛法	劉欣如著	160元
㊿四字禪語	曹洞宗青年會	200元
(51)妙法蓮華經	劉欣如編著	160元

•經 營 管 理•電腦編號01

◎創新經營管理六十六大計(精)	蔡弘文編	780元
①如何獲取生意情報	蘇燕謀譯	110元
②經濟常識問答	蘇燕謀譯	130元
③股票致富68秘訣	簡文祥譯	200元

國立中央圖書館出版品預行編目資料

女性星魂術/岩滿羅門著；陳蒼杰譯，
——初版，——臺北市；大展，民84
面；　　公分——（命理與預言；11）
譯自：女性星魂術
ISBN　957－557－540－7（平裝）
1.命相
293　　　　84009330

JOSEI SEIKONJUTSU
written by Ramon Iwamitsu
Copyright (c) 1994 by Ramon Iwamitsu
Original Japanese edition published by Shiki Publishers Inc.
Chinese translation rights arranged with Shiki Publishers Inc.
through Japan Foreign-Rights Centre/Hongzu Enterprise Co., Ltd.

【版權所有·翻印必究】

女性星魂術

ISBN　957-557-540-7

原 著 者/岩滿　羅門
編 譯 者/陳　蒼　杰
發 行 人/蔡　森　明
出 版 者/大展出版社有限公司
社　　址/台北市北投區（石牌）致遠一路2段12巷1號
電　　話/（02）8236031·8236033
傳　　眞/（02）8272069
郵政劃撥/0166955-1
登 記 證/局版臺業字第2171號

法律顧問/劉　鈞　男　律師
承 印 者/國順圖書印刷公司
裝　　訂/嶸興裝訂有限公司
排 版 者/宏益電腦排版有限公司
電　　話/（02）5611592
初　　版/1995年（民84年）10月
定　　價/200元

●本書若有破損缺頁敬請寄回本社更換●

大展好書 好書大展